전략적 UX 라이팅

전략적 UX 라이팅

사용자 경험을 위한
마이크로카피 작성법

UX ground

토레이 파드마저스키 지음
김경애 옮김
현호영 감수

유엑스리뷰

디자인과 마찬가지로 콘텐츠는 오늘날 앱, 웹사이트, 게임의 사용자 경험 디자인에 있어 필수적인 기둥이다. 이 책에서 저자는 콘텐츠를 제품 전반에 전략적으로 구체화하는 방법을 전문가로서 기초부터 차근차근 제시한다. 학생부터 숙련된 전문가에 이르기까지 누구든 이 책으로부터 귀중한 통찰력을 얻을 것이다.

— 모네타 호 크슈너Moneta Ho Kushner, 프로덕트 디자인 매니저

훌륭한 UX 텍스트는 제품을 개선하는 가장 쉽고 빠른 길을 제공한다. 이 책은 그 길을 찾고 있는 모두를 도울 것이다. 지금 만들고 있는 제품에 텍스트가 포함된다면 언제든 참고할 수 있도록 이 책을 곁에 두어야 한다.

— 로라 클라인Laura Klein, 유저스 노우Users Know 운영자

실행 가능한 조언과 전략이 가득한 이 책은 더 빨리 출간되었어야 했다. 사용자를 위한 디지털 경험을 쓰거나, 디자인하거나, 어떤 방식으로든 영향을 미치는 관련 분야 종사자라면 누구나 꼭 이 책을 읽어야 한다.

— 제니퍼 호퍼Jennifer Hofer, UX 콘텐츠 전략가

차례

서문 8

1장 **사용자와 조직의 목표는 어떻게 연결되는가** 13
사용자와 조직의 목표를 결합하라 15
목표를 달성할 수 있는 콘텐츠를 선택하라 17
목표, 가능성, 제한사항을 정의하라 23
솔루션은 상상과 테스트로 만들어진다 25
요약: 표현을 통해 경험이 일어난다 27

2장 **보이스를 통해 사용자는 조직을 알아본다** 29
3가지 경험 사례 32
보이스 차트 만들기 34
의사 결정과 개선안 마련을 위한 보이스 차트 활용법 50
요약: 모두의 목소리가 하나의 보이스를 만든다 54

3장 **콘텐츠 중심의 디자인을 만드는 대화** 57
역할극을 이용한 대화형 디자인 59
대화를 경험으로 전환하기 63
요약: 알맞은 대화를 완성해가자 66

4장 **UX 텍스트 패턴 적용하기** 67
타이틀 69
버튼, 링크, 기타 명령 74
설명 79
공백 상태 83
라벨 86
컨트롤 91
텍스트 입력 필드 94
전환 텍스트 98
확정 메시지 101
알림 105
에러 109
요약: 시작은 패턴으로 114

5장 **편집하라. 사용자는 읽으려고 경험하는 것이 아니다** 115

편집의 4단계 117

목적성 118

간결성 121

대화성 123

명료성 125

요약: UX 텍스트는 사용자의 행동을 돕기 위해 존재한다 127

6장 **UX 콘텐츠의 유효성 평가하기** 129

UX 콘텐츠의 직접적 평가 132

UX 콘텐츠 연구 138

UX 콘텐츠 휴리스틱 142

요약: 좋은 것에는 나름의 이유가 있다 165

7장 **UX 라이팅의 도구** 167

맥락에 맞는 글쓰기 168

콘텐츠 리뷰 관리 174

텍스트 발표 177

콘텐츠 작업 과정 점검 177

요약: 툴은 목적을 이루는 수단이다 179

8장 **30일/60일/90일 계획** 181

최초 30일 또는 1단계: 무엇과 누구 182

30일~60일 또는 2단계: 화력과 기반 190

60일~90일 또는 3단계: 급성장 196

콘텐츠 작업 과정 점검 177

요약: 표현을 바로잡으려면 견고한 기초를 마련하라 197

9장 **업무의 우선순위** 199

긴급한 업무와 중요한 업무 결정하기 200

공감을 바탕으로 한 콘텐츠 202

UX 콘텐츠를 팀에 소개하기 203

요약: 목표를 달성하기 위해 UX 콘텐츠를 사용하라 204

감사의 말 206

서문

UX 라이팅은 사용자 경험^{User Experience, UX}에 쓰이는 표현, 즉 타이틀, 버튼, 라벨, 지시, 설명, 알림, 경고, 컨트롤을 만드는 과정이다. 사용자가 확신을 가지고 다음 단계 경험으로 나아가도록 하는 설치 정보, 첫 실행 경험, 하우투 ^{how-to} 콘텐츠도 여기에 포함된다.

개인이 행사 입장권을 구매하거나, 게임을 하거나, 대중교통을 사용하는 특정 행동을 할 때마다 거기에는 표현이 존재하고 그것이 나름의 역할을 수행한다. 우리는 화면, 표지판, 포스터, 기사에서 표현을 읽는다. 또한 다양한 기기와 비디오를 통해 표현을 듣는다. 그런 표현에 쓰인 텍스트는 최소화되어 있지만 그 가치는 매우 크다.

표현은 어떤 역할을 하고, 우리는 표현을 어떻게 선택할까? 그리고 표현이 제 역할을 한다는 사실을 어떻게 알 수 있을까? 이 책은 UX 라이팅 전략을 제공한다. 사용자의 목표를 달성하게 하여 조직이 사용자를 얻고, 관계를 맺고 지원하며 이어갈 수 있도록 돕는다. 또한 고객이 브랜드를 인지할 수 있도록 콘텐츠 전반에서 통일된 보이스를 체계화할 수 있게 한다. 그리고 공통된 UX 텍스트 패턴을 적용하여 누구나 쉽게 UX 라이팅을 적용할 수 있도록 하고, 더불어 UX 콘텐츠가 얼마나 효과적인지 평가해볼 것이다.

누가 이 책을 읽어야 할까?

만약 당신이 평소 업무 외에 UX 콘텐츠도 작성해야 한다면 마케팅 전문가, 테크니컬 라이터^{technical writer}(기술 문서 라이터—옮긴이), UX 디자이너, 프로덕트 오너^{product owner}(서비스 출시를 위해 기획, 분석, 디자인, 개발, 테스트, 출시,

운영까지 주도하는 사람—옮긴이), 소프트웨어 엔지니어 중 하나의 직종에 속할 가능성이 크다. 이 책은 UX 콘텐츠를 통해 달성할 수 있는 목표와 UX 콘텐츠 작성 체계 및 평가 방법에 대한 지식을 제공한다.

여러분이 UX 라이터이거나 UX 라이터가 되려는 사람 또는 팀에 소속되어 있는 UX 라이터를 지원하고자 하는 매니저나 리더라면 이 책은 UX 라이팅의 가치와 영향력을 입증하는 방법을 제공할 것이다. 또한 라이팅 작업뿐만 아니라 디자인, 비즈니스, 법률, 기술, 제품에 대해 모든 이해관계자와 건전하고 창의적이며 예측 가능한 방법으로 협력할 수 있는 프로세스와 툴^{tool}을 발견하게 될 것이다.

이 책의 구성

1장은 UX 콘텐츠가 왜 중요한지 그리고 소프트웨어 개발 주기와 어떻게 통합하는지 설명한다.

2장은 UX 콘텐츠를 제품 원칙과 결합하기 위해 경험의 보이스를 어떻게 체계화하는지 설명한다.

3장은 대화 기반의 UX 텍스트를 위한 콘텐츠 중심 디자인을 만드는 프로세스를 설명한다.

4장은 UX 텍스트의 11가지 패턴을 제시하고, 예시로 제공한 경험의 보이스들에서 각각 어떻게 작용하는지 설명한다.

5장은 UX 텍스트가 목적성 있고, 간결하며, 구어적이고, 명료할 수 있도록 편집하는 과정을 4가지 단계로 제시한다.

6장은 UX 콘텐츠의 효과와 특성을 평가하기 위한 3가지 방법(직접적 평가, UX 연구, 휴리스틱 분석)을 보여준다.

7장은 UX 라이팅의 툴과 프로세스를 제안하며 텍스트 고안, 콘텐츠 리뷰 관리, 업무 추적 절차를 다룬다.

8장은 내가 UX 콘텐츠 전문가로서 처음 팀에 소속되어 속도를 내고 성공하기 위해 적용한 30일, 60일, 90일 계획을 공유한다.

9장은 UX 라이팅 업무를 완료하기 위한 우선순위를 정하는 과정에 대한 조언을 담았다.

이 책에서 제시하는 3가지 가상의 조직과 경험은 다음과 같다.

- 소셜클럽 회원을 위한 앱: 더 스터전 클럽
- 업로드한 이미지로 경쟁하는 소셜게임: 애피
- 지역 내 환승 시스템 사용자를 위한 앱: TAPP

이 책의 가장 핵심적인 아이디어와 관련된 용어는 다음과 같다.

- **경험**이란 앱이나 소프트웨어 또는 조직이 만드는 계획된 상호작용을 말하며, UX 라이터는 경험을 위한 UX 콘텐츠를 만든다.
- **조직**은 경험을 만들고 의뢰하는 시민단체, 공공기관, 사기업 또는 여타 기관을 가리킨다.
- **팀**은 UX 라이터가 업무를 위해 협력하는 사람들을 말한다.
- **사용자**는 경험을 사용하는 사람들이다. 경험에 따라 사용자를 부르는 용어가 다를 수 있다. 더 스터전 클럽 사용자는 **회원**, 애피 사용자는 플레이어, TAPP 사용자는 **승객**으로 부른다.
- **UX 라이터**는 UX 콘텐츠를 책임지는 팀원을 지칭할 때 내가 사용하는 포괄적 타이틀이다. 업계에서 사용되는 다른 타이틀로는 **UX 콘텐츠 전략가, 콘텐츠 디자이너, 콘텐츠 개발자, 카피라이터** 등이 있다.
- **UX 콘텐츠**는 경험 사용자를 직접적으로 돕는 UX 라이터의 업무 결과이다. UX 텍스트는 UX 콘텐츠의 일부로서 인터페이스에서 사용되는 표현을 뜻한다. UX 텍스트를 뜻하는 업계의 다른 용어로는 마이크로카피microcopy, 에디토리얼editorial, UI 텍스트, 스트링스strings가 있다.

이 책을 쓴 이유

UX 콘텐츠는 지난 9년간 내 경력의 중심에 있었다. 나는 2010년 엑스박스 Xbox에서 UX 라이터로 업무를 시작하면서 엑스박스 360 콘솔Xbox 360 console, 엑스박스 라이브Xbox Live, 엑스박스 원Xbox One에서 수백만 게이머의 경험을 창조했다. 그 후 마이크로소프트 어카운트Microsoft account로 이직했다. 그리고 마이크로소프트 패밀리와 마이크로소프트 에듀케이션의 첫 UX 라이터로 근무했다. 또한 오퍼업OfferUp.com marketplace의 첫 UX 라이터이자 콘텐츠 전략가로 근무하면서 미국인들이 자신의 지역사회에서 중고물품을 구매하고 판매할 수 있도록 도왔다. 이 책을 출간하는 지금은 구글의 첫 UX 콘텐츠 전략가로서 두 개의 팀에 소속되어 근무하고 있다.

나는 사람들을 돕는 경험을 만드는 내 업무를 사랑한다. 여기에는 UX 라이터가 되도록 돕는 경험 역시 포함된다. 나는 많은 동료와 UX 라이터가 더 나은 경험을 만들 수 있는 더 좋은 방법을 개발하길 바란다. UX 라이터들은 UX 콘텐츠가 가진 고유한 어려움을 해결할 수 있는 공통된 체계나 툴, 방법을 아직 갖추지 못했다. UX 라이터를 고용하려는 조직이나 업무 책임자는 '표현에 문제가 있다'는 사실은 인지하고 있다. 하지만 누구를 고용해야 할지, 고용한 UX 라이터를 어떻게 지원할지, 앞으로 어떤 결과를 기대할 수 있는지는 잘 알지 못한다.

나는 UX 라이터가 공통된 기본 개념을 가지고 있지 않으면 UX 라이팅에 관련된 커뮤니티나 규율을 만들기가 어렵다는 사실을 깨닫고 이 책을 구상했다. UX 콘텐츠가 할 수 있는 일, 콘텐츠를 통해 이룰 수 있는 모범 사례, 그 효과를 평가할 방법을 공유해야 한다. 나는 이 책을 통해 UX 콘텐츠를 창조하는 나만의 체계와 툴, 방법을 공유하고, UX 콘텐츠를 통해 사용자와 조직이 목표를 달성하도록 격려하며 내 열정을 나누고 싶다.

1장

사용자와 조직의
목표는 어떻게
연결되는가

> 좋은 디자인에 큰 비용이 든다고 생각한다면
> 나쁜 디자인에 따르는 대가도 고려해봐야 한다.
>
> — 랄프 스페스Ralf Speth, 재규어랜드로버 전 CEO

"우리는 표현을 수정할 수 있는 사람을 채용해야 합니다!" 나는 팀원이나 UX 담당 팀장들에게 이런 말을 여러 번 들었다. 각 사례에서 담당자들은 '부적절한' 표현이 사용된 지점을 짚어냈다. 이들은 부적절한 표현을 수정하는 것만으로도 조직이나 사용자 경험에 중대한 변화를 가져올 수 있다고 보았다.

내가 목격한 사례들에서 담당자들은 여러 차례 표현을 '수정'했지만 절대 그것만으로는 충분하지 않았다. 비유적으로 말한다면 **부적절하게 표현된 사용자 경험은 벽이 깨진 집과 같다.** 깨진 벽을 고치듯 부적절한 표현을 다듬어야 한다.

벽이 깨진 곳이 한 곳뿐이고 그 외에는 잘 지어진 집이라면 벽에 생긴 구멍은 전기나 배관 혹은 건물에 꼭 필요한 건축학적 틀에 영향을 주지 않을 테니 저렴한 비용으로 수리가 가능할 것이다. 사용자 경험이 일관된 용어와 보이스, 정보 구조 및 콘텐츠를 찾고 유지하며, 내면화하고 업데이트하는 방법으로 이루어졌다면 표현을 수정하는 것만으로도 충분하다.

반면 파손이 전기나 배관 혹은 건물의 지지대에 영향을 주는 경우와 같다면 표현을 수정하는 것만으로 경험에 생긴 구멍을 메우긴 힘들 것이다.

경험을 근본적으로 바로잡으려면 전략적 접근이 필요하다. 깨진 벽을 고치고 건물 보수를 위한 기술적 보완이 필요하듯 경험의 근본에는 UX 라이팅이 필요하다.

더구나 깨진 벽을 고치면 건물 전체가 더 튼튼해진다.

UX 콘텐츠의 전략적 목표는 경험을 제공하는 조직과 그 경험을 사용하는 사용자의 목표 두 가지를 모두 충족하는 것이다.

사용자와 조직의 목표를 결합하라

우선 가상 조직과 그 조직의 목표를 설정해보자. 'TAPP 환승 시스템'이라는 가상 조직은 한 도시에서 사용되는 지역 내 환승 시스템이다. 다른 환승 시스템과 마찬가지로 TAPP 역시 비용 절감과 효율성 입증에 대한 압박에 시달린다. 또한 승객 요금과 세금을 통해 차량을 유지하고 보수할 자금을 확보하고 인건비를 지급해야 한다.

TAPP은 시민이 처음 버스를 사용하는 경험을 중시하지만 그것만으로는 충분치 않다. 시민과의 관계 형성을 통해 버스를 재사용하고, TAPP 환승 시스템을 지지하게 만들어야 한다. 따라서 승객들과 긴밀히 연결되고 재연결되는 **선순환** 관계를 형성해야 한다.

이 순환구조는 조직이 시민의 관심을 유도하면서 시작된다([그림 1-1]). 그런 후 시민을 버스 사용자로 전환시켜야 한다. 환승 시스템은 단순한 구매가 아닌 경험이므로 시민이 환승을 경험하도록 해야 한다. 이를 위해 우선 탑승을 유도해야 한다. 즉 온보딩onboarding*을 통해 환승이라는 경험에 연결되는 것이다.

[그림 1-1]
조직의 관점에서 본 경험의 선순환이다. 위부터 조직은 시민이 환승 경험에 관심을 가지도록 유도하고, 승객으로 전환하고, 버스에 탑승하도록 하고, 경험으로 연결한다. 이 선순환을 완성하기 위해 조직은 반드시 환승을 경험한 승객이 다른 승객을 끌어들이고, 그들이 다시 다른 승객의 탑승을 유도하도록 변환을 일으켜야 한다.

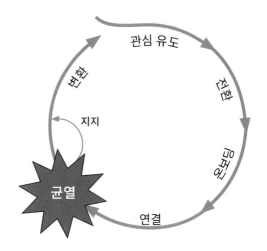

* '온보딩'은 신입사원의 적응을 돕는 과정을 의미하며 HR 분야에서 비롯되었다. 소프트웨어 개발에서 온보딩은 사용자가 제품을 성공적으로 채택하고 온전히 사용하도록 돕는 것을 의미한다—옮긴이.

선순환의 선(善)한 부분은 이제부터 시작이다. 버스 사용자가 환승 시스템의 지지자로 바뀌면 조직은 엄청난 수익을 창출하게 된다. 한 승객이 환승이라는 경험의 지지자가 되면 직접 그 경험을 사용할 뿐만 아니라 주변에 추천하므로 새로운 승객을 확보할 수 있다. 이러한 변환은 사용자 경험 자체가 탁월하거나 사용자에게 유용할 때 일어난다. 우수한 브랜드의 경우에는 사용자가 원하는 이미지로까지 구현되어 나타난다.

또한 이러한 변환은 경험에 균열이 발생하는 상황에서도 가능하다. 균열의 원인이 무엇이든(자연재해나 버스 운전사의 악행 등) 조직은 승객을 잃을 수도, 더 나은 방안을 만들 수도 있다. 후자를 선택한다면 승객과의 관계를 유지할 뿐 아니라 더 돈독해질 수 있다. 따라서 균열에 대해 가능성을 열어 두고 선제적으로 대응한다면 승객과의 관계를 지속할 수 있고 승객을 넘어 지지자로 바꾸는 결정적 계기로 활용할 수 있다.

TAPP을 이용하는 시민의 목적은 단순하다. 출근이나 등교, 병원이나 식료품점을 방문하는 것이다. 이때 버스가 최고의 선택일 수 있지만, 그것은 선택지를 이미 알고 신뢰해야 가능하다. 시민이 환승 시스템 운영사의 목표를 알고 있을 가능성은 희박하다. 같은 환승 시스템을 이용하는 다른 승객의 목적도 알 리 없는데, 환승 시스템 운영사의 더 큰 목표 역시 알 리가 없다. 승객은 오직 자신이 버스를 이용하는 동안 일어날지도 모를 문제(과도한 요금, 환승 버스를 놓치는 일, 만원 버스 등)에만 관심을 보인다.

우리가 사용자를 이해하려면 경험을 사용하는 사용자의 관점에서 순환구조를 이해해야 한다([그림 1-2]). 시민은 우선 환승 시스템 파악과 확인에 집중한다. 환승 시스템 자체에는 특별히 관심을 두지 않으며 자신이 환승 시스템이 제공하는 선순환의 일부가 될 수 있다는 사실은 염두에 두지 않는다. 그저 자신이 선택할 수 있는 옵션에만 관심을 가질 뿐이다.

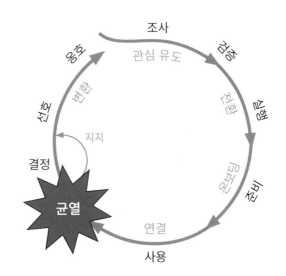

[그림 1-2]
선순환에서 조직과 경험 사용자의 관점은 다르다. 조직의 사용자에 대한 관점은 관심 유도, (승객으로) 전환, 온보딩, 연결, 지지, 변환으로 옮겨 간다. 사용자의 경험에 대한 관점은 조사, 검증, 실행, 준비, 사용, 결정, 선호, 옹호로 옮겨 간다. 조직이 이 같은 관점과 관심의 차이를 이해한다면 더 효과적으로 사용자가 원하는 바를 실현할 수 있다.

그림 내 텍스트: 옹호, 관심 유도, 조사, 검증, 변환, 선호, 지지, 전환, 실행, 결정, 균열, 연결, 준비, 온보딩, 사용

TAPP이 사용자의 관심을 끌려고 하는 지점에서 사용자는 자신이 원하는 장소에 제시간에 도착할 수 있을지 조사하고 검증한다. TAPP이 사용자를 승객으로 전환하는 데 주력할 때 사용자는 이 경험을 해보기로 결정하거나 실행한다. 그다음에 TAPP은 사용자가 온보딩하고 자사 경험과 연결되도록 한다. 사용자는 버스에 올라 요금을 낸 뒤 이를 타고 이동하여 목적지에 도착한다.

TAPP을 자주 이용하는 사용자는 다른 시민의 버스 사용에도 영향을 준다. 시민은 사용자가 TAPP을 이용하는 모습을 보고 버스 사용이 쉽다고 판단한다. 이렇듯 버스를 자주 이용하는 사용자는 스스로가 대중교통 환승 시스템을 옹호하는 대변자가 아니더라도 시민에게 TAPP 환승 시스템에 관한 관심을 유발한다.

목표를 달성할 수 있는 콘텐츠를 선택하라

콘텐츠는 선순환 전반에 걸쳐 조직과 사용자가 목표를 달성하는 데 도움이 된다. 사용자가 순환의 과정 중 어느 지점에 있는지에 따라 도움이 될 수 있는 콘텐츠의 종류가 달라진다.

순환의 시작점에서 버스에 대한 시민의 관심을 유도하는 것은 마케팅 콘텐츠다. 마케팅 콘텐츠를 통해 시민은 탑승 경험이 자신에게 맞는지 조사하고 검증한다. 트위터, 블로그, SNS 포스트를 통해 유포되는 보도자료나 광고 같은 전통적 마케팅이 여기에 해당한다. 잡지 기사, 홈페이지에 게재된 후기와 제품 평가 및 앱스토어 내 제품 안내도 포함된다([그림 1-3]).

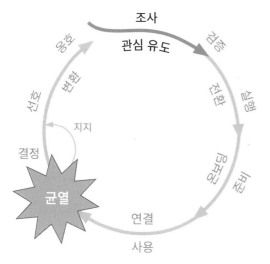

[그림 1-3]
경험이 자신에게 적합한지 검토하는 사용자에게는 광고, 제품 안내 등의 전통적 마케팅 콘텐츠가 유용하다. 이 같은 콘텐츠는 사용자의 관심을 끌고자 하는 조직의 목표를 충족시킨다.

사용자가 경험에 대해 일단 인지하면 그것이 자신에게 적합한지 확인할 수 있다. 사용자는 TAPP 앱을 다운로드하고 버스에 탑승할 것인지 결정하기 위해(다른 경험의 경우라면 소프트웨어를 구매하거나 다운로드하기 위해) 제품 홍보, 구매 후기, 제품 평가 등의 콘텐츠를 참고한다([그림 1-4]). 이런 콘텐츠는 사용자가 경험을 실행하는 단계로 나아가도록 돕는다.

사용자가 경험을 실행하게 되면 마케팅은 그 역할을 다한 것으로 볼 수 있다. 하지만 경험을 실행하려면 설치가 필요하고 이때 사용자는 첫 단계를 시작하는 방법을 알아야 한다([그림 1-5]). 이제 UX 콘텐츠가 시작되는 것이다.

[그림 1-4]

경험이 자신에게 적합한지 검토하는 사용자에게는 광고, 제품 안내 등의 전통적 마케팅 콘텐츠가 유용하다. 이 같은 콘텐츠는 사용자의 관심을 끌고자 하는 조직의 목표를 충족시킨다.

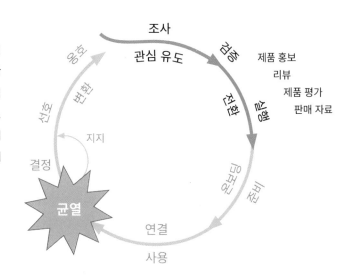

[그림 1-5]

온보딩은 사용자가 경험을 실행하도록 돕는다. 경험마다 그에 적합한 콘텐츠가 필요하다. 콘텐츠는 간단한 체험형 경험에서부터 자세한 실행 가이드 및 하우투 how-to 정보에 이르기까지 다양하다.

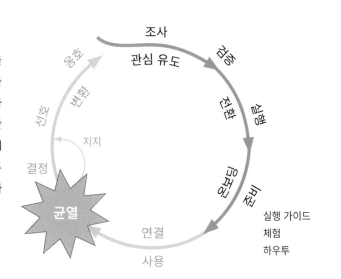

TAPP 앱과 같은 소비자용 소프트웨어는 설치 단계가 비교적 간단하다. 위치정보 사용에 동의하거나 버스 요금을 지불하기 위해 회원가입을 완료하는 정도면 충분하다. UX 라이터가 TAPP 앱을 체험하려는 사용자에게 적합한 UX 텍스트를 보여준다면 사용자는 시작 단계부터 원하는 목표를 즉시 달성할 수 있을 것이다.

업무용 소프트웨어의 경우 소비자용 소프트웨어보다 설치 단계가 좀 더 복잡할 수 있다. 상황에 따라 업무용 소프트웨어 구매를 결정하는 직원과 실제 사용자가 다를 수도 있다. 규모가 큰 기업의 경우, IT 담당자가 소프트웨어 사용을 승인하고 환경을 설정하거나 데이터를 입력해야 하는 경우도 있다. 소프트웨어 제작사는 설치팀과 사용팀 각각에 적합한 UX 콘텐츠를 제공할 수 있다.

소프트웨어가 설치된 후에는 핵심 UX 텍스트의 역할이 중요하다. 이때 사용되는 표현들이 바로 이 책에서 다루는 주제의 대부분을 차지한다. 타이틀, 버튼, 설명, 청각적 경험에 대한 음성 코멘트와 지시사항이 이에 해당한다. 이들은 경험 사용자가 접할 만한 상호작용의 절반 이상을 차지한다.

게임, 금융, 매핑 앱 같은 고유한 콘텐츠를 보유한 경험은 게임 내러티브, 금융 정보, 지도 등 사용자마다 원하는 바가 제각기 다르다. TAPP의 경우 경로와 시간 정보뿐만 아니라 버스 요금과 환승 패스에 관한 정보를 제공해야 한다. 또한 사용자의 성공적인 경험 사용을 위해서도 이러한 콘텐츠가 필요하다([그림 1-6]).

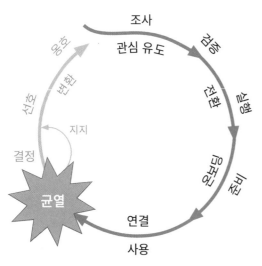

알림 / 타이틀, 버튼, 설명 / 하우투
게임 & 경험 콘텐츠

[그림 1-6]
사용자는 경험을 사용할 때 타이틀, 버튼, 설명에 나오는 표현, 기타 UX 텍스트, 알림 또는 그 밖의 게임이나 소비 콘텐츠를 통해 소통한다.

고객센터의 게시물이나 UX 관련 글에서 하우투 콘텐츠가 도움이 되는 경우가 많다. 때로는 사용자가 경험의 다음 단계에 진입하기 전에 확신을 얻고 싶어 하기 때문이다. 이때 하우투 콘텐츠는 사용자가 원하는 신뢰와 설명을 제공한다.

경험이 원활하게 진행되지 않을 때도 있다. TAPP 승객이 신용카드 만기를 연장하지 않았거나 불가피한 상황 때문에 버스 노선이 갑자기 변경될 수 있다. 이때 조직은 알림이나 에러 메시지를 통해 승객에게 상황을 알리고 목적지에 차질 없이 도착할 수 있도록 도울 수 있다([그림 1-7]). 사용자가 문제를 해결할 수 있는 콘텐츠를 찾게 되면 조직은 챗봇chatbot(대화를 하도록 설계된 소프트웨어 또는 인공지능—옮긴이), 도움말, 유튜브, 담당 고객센터의 안내 문구를 통해 사용자에게 필요한 도움을 제공할 수 있다.

[그림 1-7]
경험에 문제가 발생하면 조직은 에러 메시지나 알림 또는 문제 해결 콘텐츠를 제공할 수 있다.

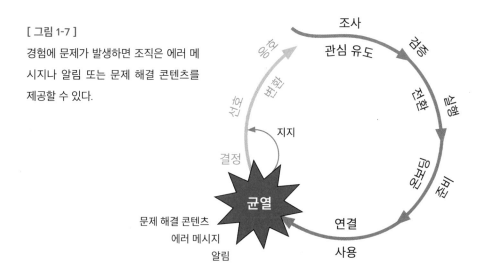

문제 발생 시 조직이 적극적으로 개입한다면 사용자를 경험의 지지자로 바꿀 수 있지만, 또 다른 방법으로도 가능하다. 경험에 대한 사용자의 충성도에 따라 다양한 배지를 수여하거나 등급을 매긴다면 사용자는 다른 곳에서 얻을 수 없는 독특한 가치를 해당 경험에 부여하게 된다.

그리고 경험에 관련된 커뮤니티가 만들어질 수도 있다. 게임 유저는 게임에 대해 논의하는 포럼에 참여할 수 있고, 같은 온라인 판매 플랫폼을 이용하는 판매자나 특정 클래스룸 관리 시스템을 이용하는 교사 역시 자신들만의 커뮤니티를 형성할 수 있다. 경험을 지지하는 이들은 커뮤니티를 통해 팁과 요령을 공유하면서 전문가로 인정받는다.

조직 역시 포럼이나 교육 또는 회담을 통해 경험의 장점을 알리고 브랜드를 홍보할 수 있고 기존 지지자를 통해 새로운 사용자의 관심을 유발하는 기회로 활용할 수 있다([그림 1-8]).

종합적으로 볼 때 조직이 제공하는 경험은 방대한 콘텐츠를 포함한다([그림 1-9]). 이러한 콘텐츠는 경험을 구매 또는 설치하거나 이용하게 함으로써 경험의 지지자가 될 사용자와 일관된 관계를 유지하게 만든다.

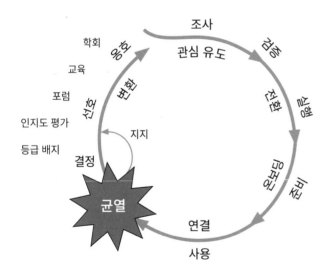

[그림 1-8]
사용자가 조직과 경험을 선택하도록 하려면 다른 경험에서 제공하지 않는 고유한 가치를 경험에 부여하고 관련 커뮤니티를 조직하는 방법을 통해 새로운 사용자의 관심을 끌 수 있다.

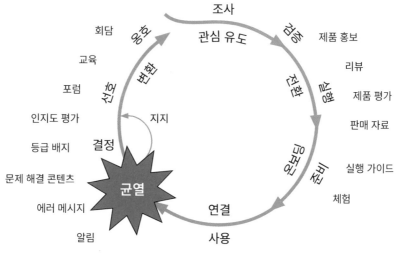

광고 / 기사
이메일 발송 / 제품 안내 / 트위터 & SNS 포스트

타이틀, 버튼, 설명 / 하우투 / 게임 & 경험 콘텐츠

[그림 1-9]

조직은 다양한 콘텐츠를 통해 사용자에게 제공하는 경험을 홍보하고 관심을 끌어 관계를 맺고 재사용을 유도한다. 이때 콘텐츠가 체계적으로 디자인되었다면 조직은 이익을 얻을 수 있다.

오늘날 선순환 주기 전반에 작용하는 콘텐츠를 계획하는 조직은 드물다. 사용자가 경험을 사용하도록 관심을 유도하고 조직의 지지자가 되도록 하는 마케팅 콘텐츠가 없다면 조직은 실패할 것이다. 또한 사용자를 온보딩하고 사용자와 관계를 맺고 사용자가 경험을 지지하도록 유도하는 콘텐츠가 없다면 그 경험은 사용자와 관계를 맺지 못하고 사용자를 지지자로 바꿀 수 없다. 이때 필요한 콘텐츠를 창조하는 작업이 바로 UX 라이팅이다.

목표, 가능성, 제한사항을 정의하라

디자인 및 기술 작업과 함께 라이팅도 시작된다. 먼저 경험의 목표와 가능성 및 제한사항을 정의해야 한다. 라이팅을 시작하기 전에 우선 UX 라이터는 경험을 사용할 사용자의 목표와 경험을 제공하는 조직의 목표부터 정의해야 한다.

경험의 목표를 파악하기 위해 UX 라이터는 그 목표를 이해하고 규정하는 직원(프로덕트 오너, 디자이너, 마케팅 담당자, 연구원, 기술자 등)과 경험을 사용할 사용자와 협력해야 한다. 담당자는 초기 구상 및 개발 단계부터 미팅에 참여하고 팀원과의 협력을 통해 경험을 파악하고 규정해야 한다.

텍스트의 주된 목적은 조직과 경험 사용자의 목표를 충족하는 것이지만 양쪽 당사자를 보호하는 기능도 있다. 즉 경험 사용자는 자신의 데이터가 어떻게 사용되고 보호되는지 정확히 이해할 수 있어야 한다. 조직 역시 시간과 돈, 에너지에 대해 논쟁이 발생할 경우 그와 관련된 법적 책임으로부터 보호받을 수 있어야 한다.

UX 라이터는 시작 단계부터 사업상의 제한사항을 파악하고 있어야 한다. 여기에는 현지화에 필요한 자원, 기술 부문과의 협력을 위한 타임라인, 그리고 마케팅, 판매, 지원 부문의 콘텐츠를 비롯한 UX 콘텐츠가 포함된다. 또한 사용자가 어떤 언어에 능통하며, 어떤 기기를 사용하고, 어떤 전후 사정을 가졌는지 인지해야 한다. 경험이 진행되는 과정에서는 기술과 디스플레이 및 디자인 관련 제한사항(예를 들어 최대 URL 길이 및 텍스트 박스 사이즈)을 이해하고, 하드웨어가 출시되기 전 어떤 텍스트가 코드화되어야 하는지, 라이브 서비스 이후 어떤 텍스트가 업데이트될 수 있는지 알아야 한다.

UX 라이팅은 UX 디자인이나 UX 코딩과 마찬가지로 디자인과 엔지니어링 프로세스다. 또한 창조, 평가, 반복을 거듭하는 과정이다([그림 1-10]).

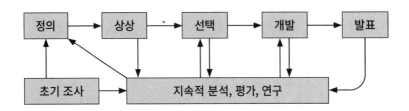

[그림 1-10]
UX 라이팅은 창조, 평가, 반복의 과정을 거듭하는 프로세스이다.

사람들을 경험으로 끌어들이기 위해서는 경험의 사용자가 될 사람들이 충분히 이해할 수 있는 대화가 될 표현을 사용해야 한다. UX 라이터는 팀원들과 함께 조직과 경험을 사용할 사용자의 상황^{context}에 대한 기초적, 분석적 조사를 실행해야 한다.

이 초기 조사 단계에서 UX 라이터는 감정을 상하게 하거나 공격적 의미를 전달할 수 있어 신중히 다루어야 하는 민감한 주제를 들을 수 있다. 돈, 건강, 사생활, 어린이와 관련된 경험의 경우 복잡한 법적, 규범적 규제가 적용될 수 있다. 이러한 제한사항은 경험의 보이스를 디자인하기 전에 반드시 이해해야 한다.

우리의 목표를 이해하고 우리가 가진 도구와 한계 역시 인지했을 것이다. 그렇다면 이제 전략적 UX 라이팅의 가장 창조적인 작업을 시작할 수 있다.

솔루션은 상상과 테스트로 만들어진다

디자인과 엔지니어링 프로세스 중에서 UX 라이터가 가장 창의력을 발휘할 수 있는 부분은 다음과 같다. 사용자가 경험 중에 나누는 대화가 얼마나 자연스럽게 재현되는지, 과거에 효과적이었던 텍스트를 새로운 상황에도 직접 적용 가능한지이다. UX 라이터는 비현실적이거나 지극히 평범하더라도 뚜렷하게 구별되는 몇 가지 해결책을 상상해 내야 한다. 최대한 다양한 해결책을 찾으면 팀 전체가 힘을 합쳐 그중 최선을 선택하고 업무를 진전시킬 수 있다.

상상하고 테스트하는 작업은 혼자 하는 일이 아니다. 혼자서 해결하려고 하면 여러 가지 가능성 중 최선을 선택하기가 훨씬 어려워진다. 최상의 UX 콘텐츠 도출은 UX 라이터의 책임이지만, 최선의 표현에 대한 아이디어를 가진 인물은 다른 사람일 수도 있다. 기술적, 법률적, 재정적인 가능성과 한계 상황을 잘 아는 팀원과 경험의 잠재적 사용자가 함께한다면 최고의 아이디어를 끌어낼 실무진이 될 수 있다. 여기에는 전문가와 초보자, 열렬한 지지자와 회의론자, 조직을 지지하는 이들이 포함된다. 또한 초기부터 참여하지 않았다면 경험을 사용하지 않을 가능성이 가장 큰 배제된 전문가*로도 참여할 수 있다.

이 실무진은 우리가 3장에서 살펴볼 공식적인 디자인 활동에 참여할 수 있으며 그 내용으로는 디자인 스프린트(구글에서 개발한 디자인 스프린트는 제품 및 서비스를 출시하기 전에 이를 신속하게 평가하고 테스트해 위험을 완화하는 방법이다—옮긴이), 브레인스토밍, 대화를 통한 디자인 실습이 포함된다. 필요하다면 비공식적으로, 실시간 또는 순차적으로 협력할 수도 있다. UX 라이터는 이들이 가진 특별한 재능을 총동원해서 모든 분야를 아우르는 표현과 구절을 찾을 수 있다. 또한 UX 라이터는 팀원들이 사용하는 서로 다른 용어를 구별할 수 있게 돕는다. 그리고 아이디어를 이해할 수 있도록 표현과 정의를 분명하게 다듬으며, 그룹 전체가 이해하는 방법으로 새로운 솔루션을 구체화할 수 있다.

솔루션이 도출되면 테스트를 거쳐야 한다. 최선의 솔루션을 찾으려면 다양한 솔루션 중에서 효과적인 것, 효과적이지 않은 것에 대한 이해가 매우 중요하다. 지속적 연구를 통해 UX 라이터는 사용자가 이미 사용 중인 표현과 머릿속에 떠올릴 만한 구절을 파악한다. UX 라이터와 UX 리서처가 협력한다면 사용자가 선호할 표현을 도출해내는 질문을 만들 수 있다.

특히 UX 디자이너는 가장 일반화된 엔드투엔드 플로우end-to-end flow(처음부터 끝까지 모든 절차가 관리되는 것—옮긴이)를 개발해야 한다. 이때 UX 라이터는 디자이너와 긴밀히 협조해 표현을 다듬는다. 비주얼 디자인과 디자인 텍스트가 협력하고 상호작용할 수 있도록 모든 UX 텍스트를 디자인에 적용하고 그려야 한다. 그런 다음 팀 전체가 접근할 수 있는 툴을 사용해 최선의 옵션을 공유해야 한다.

---

* 《부조화: 포함은 어떻게 디자인을 만드는가?*Mismatch: How Inclusion Shapes Design*》(MIT Press, 2018)에서 저자 캣 홈스Kat Holmes는 "솔루션을 사용하면서 부조화를 가장 심하게 겪거나 가장 부정적인 영향을 받는 사람들"을 배제된 전문가라고 정의한다.

UX 텍스트 라이팅은 최선의 표현을 찾을 때까지 완벽하지 않은 단어에서 시작해서, 좀 더 나은 표현으로 수정하는 과정을 반복하는 작업이다. 이를 통해 목적에 부합하며 안전하고 동시에 간결하면서 구어적인 조직의 브랜드를 알릴 수 있는 텍스트를 찾을 수 있다.

마침내 담당 팀은 경험을 출시하고 홍보하고 업데이트할 준비를 마쳤다. UX 라이터는 화면에 나타나는 모든 표현을 연결하는 업무를 담당하는 유일한 직원일 수도 있고, 경험 전반에 걸친 폭넓고 자세한 시각을 가진 몇 안 되는 직원 중 한 명일 수도 있다. UX 라이터는 사용자가 어떤 버튼을 눌러야 하는지, 각 에러 메시지의 의미를 정확하고 자세하게 알고 있으므로 지원, 마케팅, PR, 판매 파트너에게 큰 도움이 된다.

요약: 표현을 통해 경험이 일어난다

이 책은 UX 라이터를 위한 구체적인 예시와 툴과 조언을 제공한다. 하지만 실제 업무 과정은 1장에서 서술한 바와 같이 명확하지 않다. 예를 들어 어떤 경험은 분명한 목적 없이 전개되기도 한다. 또한 UX 라이터가 디자이너, 프로덕트 오너, 프런트엔드 엔지니어frontend engineer(웹사이트에서 사용자에게 시각적으로 보이는 글꼴, 메뉴 등을 구축하고 배치하는 역할—옮긴이), 마케팅 담당자의 역할을 하기도 한다. 간혹 담당 팀이나 담당자에게 여러 옵션이 제공되지 않고 단일 비전을 요구하기도 한다. 표현에 대해 팀원이 할 수 있는 일이 다양하다는 사실, UX 라이터가 할 수 있는 일들에 대해 모르는 팀이 많다.

지금의 디자인과 엔지니어링 프로세스가 이상적이지 않다 해도 이미 유용하고 전략적인 UX 콘텐츠를 창조할 수 있는 다양한 옵션이 당신에게 있다. 조직이나 팀이 목적을 제대로 이해하고 있지 않더라도 괜찮다. 당신 스스로 목적을 정의할 수 있다(보이스, 2장 참고). 또한 완전히 새로운 텍스트를 만들 수 있다(구어적 디자인, 3장 참고). 게릴라 UX 조사 방법이나 휴리스틱heuristic(경험에 기반하여 복잡한 문제를 단순화시키는 의사 결정 방법—옮긴이)을 통해 옵션을 테스트하고, 최종 텍스트가 만들어낼 영향력을 평가할 수 있다(평가, 6장 참고). 구어적이고 간결하며 목적성 있는 텍스트로 편집하고(에디팅, 5장 참고), 텍스트 패턴을 통해 더욱 빠르게 쓸 수 있다(텍스트 패턴, 4장 참고). 조직의 경험 성공 메트릭스metrics(업무 수행 결과를 보여주는 계량적 분석—옮긴이)를 이용해 평가 결과를 텍스트에 연계할 수 있다(평가, 6장 참고). 이제 막 팀에 소속되어 UX 라이팅을 시작하고 있다면, 모든 가능성이 조화될 수 있도록 업무를 추진할 수 있다(30일/60일/90일 계획, 8장 참고).

2장

보이스를 통해
사용자는 조직을
알아본다

> 사람들은 당신이 한 말을 잊을 수 있지만,
> 그 순간에 느낀 감정은 절대 잊지 않는다.

— 작자 미상

인간은 상호작용하고 영향을 받으며 자신이 겪은 경험과 관련된 감정을 오래도록 기억한다. 경험을 제공하는 조직은 사용자가 경험을 통해 느낀 감정을 기억하길 원한다. 사용자는 그 감정을 통해 경험을 인식하고 지속시키며 경쟁 조직이 제공하는 다른 경험과 구분한다. **보이스는 콘텐츠가 그러한 감정을 만들 수 있게 하는 특징들의 집합이다.**

1장에서 살펴본 바와 같이 조직은 사용자와의 관계 전반에 걸쳐 콘텐츠를 사용한다. 경험이 제공하는 보이스가 선순환 전반에서 일관되게 유지되면 브랜드에 대한 친밀감이 강화된다. 사용자는 자신이 인식하는 경험과 조직에 대해 더 신뢰를 갖고 행동한다. 반대로 조직이 디자인한 경험에 사용된 콘텐츠가 사용자의 감정을 반영하지 못하면 사용자는 애착, 반발심, 충성심, 혐오감, 혼란 같은 다양한 감정을 느끼고 경험에서 멀어진다.

일관성에 방해가 되는 가장 큰 장애물은 콘텐츠를 작성하는 팀원들이다. 큰 조직에서는 콘텐츠를 작성하는 팀원이 다른 부서에 속해 있거나 아예 서로 모르기도 한다. 하지만 콘텐츠가 일관된 보이스를 유지한다면 소속 팀이 다르더라도 화합된 보이스를 끌어낼 수 있다.

내가 2010년 마이크로소프트에 근무할 당시 엑스박스 360 게임 시스템의 보이스는 "콘솔은 게이머 옆에서 플레이를 돕듯이 말한다"였다. 게이머들은 만족했다. 콘솔 게이머들은 그저 게임을 하고 싶었다. 우리가 게이머 곁에 어떻게 자리 잡을지는 차후의 문제였다. "우리는 컨트롤러를 장악하고 플레이하는 사람이 아니다." 반감이나 실망 또는 불만을 유발할 수 있기 때문이다. "오히려 우리는 게이머가 정확히 무엇을 해야 하는지, 어떻게 하면 쉽게 할 수 있는지 알려주는 역할"을 통해 동지애, 성취감, 소속감을 주고 싶었다. 게이머와 그 옆 소파에 앉아 있는 사람의 역할은 제품 생산자 역시 쉽게 상상할 수 있으므로 보이스를 규정하고 적용하는 것은 단순했다.

엑스박스는 콘솔 게이머 외에도 폭넓은 사용자를 이해하게 되었고 보이스를 조정했다. 콘솔로 게임을 하든지 TV 시청이나 음악 청취용으로 사용하든지 간에 모든 사용자 경험은 긍정적이어야 했다. 우리는 엑스박스의 보이스를 "선명하고 간편하고 늘 사용할 수 있는" 것으로 재정의했다. 핵심은 엑스박스를 통해 플레이하고 성취감을 얻으며 즐거움을 느끼는 것이었다.

보이스에 대한 이러한 비공식적 설명은 그 보이스에 대한 일관된 이해만큼이나 강력하다. 모두의 의견이 일치하는 팀은 드물며 모든 팀원이 그 설명을 이해하도록 하는 일은 중요한 과제이다. 인간은 누구나 표현에 대해 각자 다른 '감정'을 가질 수 있기 때문이다. 같은 언어를 사용하지만, 다른 지역 출신이거나 다른 배경을 가졌을 수 있다. 다양한 팀원이 일관된 보이스를 갖추기까지 팀원은 서로 고립된 상태일 수 있다.

엑스박스의 보이스 변화를 위해 우리는 엑스박스 빌딩에 포스터를 게시하고 그 내용을 널리 알렸다. 특정 이메일 주소를 만들어 운용에서 개발 담당에 이르기까지 누구든 도움이 필요하면 전담 UX 라이팅 팀과 상의할 수 있도록 했다. UX 라이팅 팀은 디자인 비평, 브레인스토밍 세션, 텍스트에 대한 동료 평가를 통해 긴밀히 협조했다.

전담 UX 라이팅 팀이 없다면 개발과 텍스트의 보이스를 일관되게 유지하는 작업은 조직 전체에 걸쳐 관리되어야 한다. 텍스트에 대한 모든 책임을 한 사람이 맡더라도 담당자 혼자만으로는 충분하지 않을 수 있다. 또한 담당자 없이 UX 콘텐츠가 제작되기도 한다. 나는 오퍼업에서 근무할 때 그러한 어려움을 겪었고, 직원 모두가 이용할 수 있도록 보이스 차트를 만들어 공유했다.

3가지 경험 사례

　소설 쓰기에는 중요한 원칙이 있다. 각 인물이 대화, 즉 말하는 방식이나 말의 내용을 통해 드러나야 한다는 것이다. 경험의 보이스에도 같은 원칙을 적용할 수 있다. 사용자는 콘텐츠의 사소한 부분에서도 경험을 인지할 수 있어야 한다. 이를 통해 사용자는 조직이 제공하는 메시지나 화면을 접하면 바로 인지하고, 타당한지 파악하고, 신뢰할 수 있다.

　이해를 돕기 위해 3가지의 가상 경험을 만들어보았다. 그중 한 가지는 1장에서 소개한 TAPP이다.

- 더 스터전 클럽The Sturgeon Club은 회원제 클럽 멤버십 앱으로 클럽 행사 업데이트, 시설 사용 예약, 회비 납부, 메뉴, 일정표를 제공한다.
- 애피appee는 소셜게임으로 매일 다른 주제의 챌린지(도전 과제)를 제시한다. 플레이어는 주제에 맞는 이미지를 업로드함으로써 경쟁한다. 다른 플레이어의 이미지를 평가하고, 의견을 남기고, 이미지가 프린트된 물품을 살 수 있다.
- TAPP은 한 도시의 버스 환승 시스템으로 경로와 지역별 업데이트를 제공한다. 사용자는 경로를 검색하고, 요금을 지불하고, 계좌를 관리할 수 있다.

　내가 이 앱을 통해 특정 디자인을 홍보하는 것은 아니라는 사실을 분명히 하고 싶다. 다양한 디자인에 같은 UX 콘텐츠 원칙이 적용된다는 사실을 보여주기 위한 것이다. 여기에서는 모바일 앱 화면으로 제시되어 있지만, 더 스터전 클럽이나 TAPP은 웹앱으로도 사용될 수 있다.

더 스터전 클럽

메시지 기능을 가진
회원제 클럽 앱

애피

상금을 두고 경쟁하는
소셜 이미지 업로드 게임

TAPP

경로를 찾고 요금을 지불하는
환승 시스템 앱

[그림 2-1]

이 책에 등장하는 예시는 대부분 3가지 가상 경험인 더 스터전 클럽, 애피, TAPP 환승 시스템에
관한 내용이다.

회계나 IT 소프트웨어 같은 업무용 경험을 만드는 담당자라면 내가 예로
든 경험이 일반인, 즉 '소비자' 경험이라는 사실에 주목할 것이다. 이 3가지 경
험을 예로 든 까닭은 이 예시를 통해 UX 텍스트의 유사점과 차이점을 비교할
수 있기 때문이다. 업무용 경험에는 저마다 예외적으로 발생하는 이슈들이 존
재하지만, 이 책에서 다루는 패턴과 툴은 모두에 적용된다.

경험 사례를 다루는 나의 목표는 당신이 전후 맥락을 파악하지 못하더라도
텍스트의 차이를 통해 그 텍스트가 어느 조직에 쓰인 것인지 파악할 수 있도
록 하기 위함이다. 예시에서 볼 수 있는 UX 텍스트는 2장에서 지금부터 다룰
보이스 차트를 통해 결정된 사항에 따른다. 자 이제 시작이다!

보이스 차트 만들기

[표 2-1]의 보이스 차트는 의사 결정 규칙과 창작 지침에 관한 목록을 담고 있다. 이를 통해 UX 콘텐츠는 제공 조직과 경험 사용자의 요구에 부합할 수 있다. UX 콘텐츠의 초안을 작성할 때 보이스 차트를 통해 명확한 방향을 잡을 수 있다. UX 콘텐츠의 여러 옵션 중에서 선택해야 할 때 보이스 차트를 이용하면 선택이 좀 더 용이하다. UX 콘텐츠가 완성되면 보이스 차트는 주관적 판단을 벗어나 외부적 성과 측정 자료(6장 참고)로 이용될 수 있다. 다수의 팀원이 UX 콘텐츠를 담당할 때 보이스 차트를 이용하면 팀원 모두가 UX 콘텐츠를 보이스에 연계하도록 할 수 있다. 일단 보이스 차트를 만든 후 사용법에 대해 자세히 다룰 것이다.

[표 2-1]에 제시된 보이스 차트의 열은 각 제품의 원칙을 나타낸다. 각 원칙에 대한 보이스의 6가지 면인 개념, 콘셉트, 장황함, 문법, 구두법, 대문자는 행으로 나타낸다.

[표 2-1] 보이스 차트의 예시

	제품 원칙 1	제품 원칙 2	제품 원칙 3
콘셉트			
용어			
장황함			
문법			
구두법			
대문자			

각 열의 정의는 각 열의 제품 원칙과 연관된다. 한 열의 정의는 다른 열의 정의와 달라야 한다. 같은 행에서도 두 열은 서로 대치되거나 보완될 수 있다.

열 간의 차이는 **보이스**와 **어조**의 차이이다. 보이스는 경험 전반에 걸쳐 나타나는 일관되고, 인지할 수 있는 선택된 표현이다. 어조는 한 경험에서 다른 경험으로 이동할 때 보이스에 생기는 가변성이다. 예를 들어 엄마의 전화 음성을 들을 때, 상대방이 낯선 사람인지 친밀한 사람인지를 어조를 통해 쉽게 구분할 수 있다. 물론 엄마의 보이스(목소리) 자체를 혼동하지는 않는다. 유사하게 우리는 조지이나 경험을 보이스를 통해 인지할 수 있고, 어조는 에러 메시지, 공지, 축하 등 상황에 따라 조절될 수 있다.

보이스 차트에서 여러 가지 다양한 대안을 요약함으로써 UX 라이터는 UX 콘텐츠를 아우르는 보이스에 맞도록 의도적으로 어조를 포함시키거나 조정할 수 있다.

2장에서는 계속 보이스 차트를 채워볼 것이다. 제품 원칙에서 시작해 보이스의 다른 면인 콘셉트, 용어, 장황함, 문법, 구두법, 대문자를 하나씩 정리해보겠다.

| 제품 원칙

보이스 차트의 기본은 제품 원칙이다. 제품 원칙은 사용자에게 경험을 정의해준다. 다음으로 보이스가 표현 하나하나를 통해 제품 원칙을 전달한다.

사실 제품이나 조직의 원칙을 정의하는 업무는 일반적으로 UX 라이터의 업무가 아니다. 지금 근무 중인 조직에 마케팅이나 광고 지원팀이 있다면 이미 정의해둔 제품이나 조직의 원칙이 있을 것이다. 나는 원칙에 맞는 표현을 정리하고 나서야 나의 목표가 제품 원칙을 '소유'하는 것이 아니라, 정해진 원칙에 맞춰 UX 콘텐츠를 조정하는 것이라는 사실을 숙지할 수 있었다.

만약 조직의 원칙이 아직 정의되지 않았다면 직원들과 의견을 나눠보기를 추천한다. 《스타일과 목적을 살리는 웹 글쓰기*Nicely Said: Writing for the Web with Style and Purpose*》(http://bit.ly/2Xo7wa2)에서 저자 니콜 펜튼Nicole Fenton과 케이트 키퍼 리Kate Kiefer Lee는 브랜드와 조직 및 경험의 목적을 결정하기 위해 조직 내 직원들과 인터뷰하는 과정을 설명한다. 만약 운 좋게도 UX 리서치 파트너가 있다면 도움을 얻을 좋은 기회가 될 수 있다.

인터뷰 결과를 통해 가장 중요한 원칙에 대한 틀이 잡혔다면 그 내용을 이해관계자와 함께 확정한다. 제품 원칙을 다듬는 과정이 계속되면서 초안이 크게 변경될 수 있지만 크게 문제가 되지 않는다. 제품 원칙을 분명히 규정하는 과정에는 조직의 이익 문제가 개입될 수도 있다. 나 역시 제품 원칙에 대한 초안을 작성할 때 첫 번째, 두 번째, 심지어 세 번째 안까지도 채택되지 않을 수 있다는 사실을 염두에 둔다. 중요한 사실은 대화가 지속되면서 초안이 이해관계자의 조직 목표 파악에 도움이 된다는 것이다.

이 책의 사례에서 나는 조직별로 3가지 제품 원칙을 고안했다. 제품 원칙에 있어 3가지가 마법의 숫자는 아니다. 당신이 속한 조직에는 제품 원칙이 더 많을 수도 더 적을 수도 있다.

더 스터전 클럽

더 스터전 클럽의 목적은 멤버십 회원들이 친목을 다지고 즐길 수 있도록 사적이고 품격 있는 장소를 제공하는 것이다. 그 목적을 달성하기 위해 클럽의 경영진 및 운영진은 회원들이 더 스터전 클럽 활동으로 시간을 보내는 건물과 공간을 비롯해 매 순간이 품격 넘치고, 회원 간 유대 형성에 보탬이 되며, 회원을 클럽의 전통에 연결한다는 원칙을 세웠다.

[표 2-2]는 더 스터전 클럽 보이스 차트의 첫 번째 행을 보여준다. 각 열의 주제로 사용되는 3가지 제품 원칙은 품격, 유대감, 전통이다.

[표 2-2] 더 스터전 클럽 보이스 차트의 제품 원칙

	품격	유대감	전통

애피

애피의 목적은 사용자가 플랫폼을 위한 콘텐츠를 생성하고, 광고에 관심을 가지고, 상품을 구매하는 동안 즐거움과 소속감을 얻을 수 있는 경험을 제공하는 것이다. 애피는 '진지한' 아트 경험과 경쟁보디는 즐거움에 초섬을 맞춘 전략을 통해 뜻밖의 재미와 통찰을 제공하길 원한다.

따라서 애피의 3가지 제품 원칙은 즐거움, 통찰, 놀라움이다([표 2-3]).

[표 2-3] 애피 보이스 차트의 제품 원칙

즐거움	통찰	놀라움

TAPP

TAPP의 목적은 지역 환승 시스템 자체의 목적을 확대한 것이다. 즉 지역 내 시민의 이동을 돕고, 온라인 서비스를 통해 효과적이며, 신뢰할 수 있고, 이용하기 쉬운 서비스를 제공하는 것이다. TAPP 보이스 차트는 효율성, 신뢰성, 접근성을 제품 원칙으로 적용한다([표 2-4]).

[표 2-4] TAPP 보이스 차트의 제품 원칙

효율성	신뢰성	접근성

| 콘셉트

보이스 차트는 제품 원칙을 뒷받침하는 콘셉트를 미리 구체화하는 데 도움이 된다. 콘셉트는 관련된 상황이 아닐 때도 열린 기회로서 조직이 항상 강조하고자 하는 아이디어나 주제이다. 즉 사용자의 삶에서 경험이 갖는 역할을 반영하는 아이디어라고 할 수 있다.

그렇다고 이러한 콘셉트에 대한 논의나 조직의 쟁점이 경험을 통해 끊임없이 제기되어야 하는 것은 아니다. 콘셉트가 포함된 것만으로 충분하다. 또한 콘셉트의 정립으로 표현이 구체화되는 것도 아니다. 콘셉트는 슬로건이나 캠페인과 무관하게 전제되는 아이디어이다.

더 스터전 클럽

더 스터전 클럽의 보이스는 유대감과 소속감에 관련된 세부 사항을 특정한다([표 2-5]). 예를 들어 공식 이벤트 장소에 대해 단순히 '최대 124명 수용' 대신 '최대 124분의 회원이 소통 가능함'으로 표현한다.

[표 2-5] 더 스터전 클럽 제품 원칙에 맞는 콘셉트

	품격	유대감	전통
콘셉트	완성미와 화려함에 관련된 세부 사항, 기능적이며 장식적	화합, 소속감, 세심함	클럽 회원과 역사, 명성, 영향력에 대한 구체적 유대

애피

애피가 추구하는 콘셉트는 놀라운 정보, 작은 기쁨, 우연([표 2-6])이다. 예를 들어 높은 점수를 받은 어느 사용자의 이미지 특징이 파란색이라면 "당신의 파란 이미지가 높은 점수를 얻었네요. 누군가는 파란색에서 우울함을 떠올리지만, 당신의 파란색은 달라요"라는 메시지(와 보이스)를 선택할 수 있다.

[표 2-6] 애피 제품 원칙에 맞는 콘셉트

	즐거움	통찰	놀라움
콘셉트	거창한 성공이 아닌 작은 기쁨, 장식	생각이 교차하는 지점에서 발견되는 공통점	예측 불가, 실수와 난관이 재미를 유발

TAPP

TAPP 경험에는 새로운 개념이 거의 추가되지 않는다. 추가할 게 있다면 '에너지 절감, 정시 도착, 승차 가능 인원 최대 수용'이라는 운용 원칙을 받쳐주는 항목을 들 수 있다([표 2-7]). 예를 들어 TAPP은 특정 버스 정류장에 '정시 도착률 98%'를 게시할 수 있다.

[표 2-7] TAPP 제품 원칙에 맞는 콘셉트

	효율성	신뢰성	접근성
콘셉트	에너지 절감	정시 도착	누구나 탑승 가능한 이동 수단

| 용어

특정 표현이 보이스 원칙에 보탬이 되거나 반대로 원칙을 약화시킬 수 있다면 표현을 구체화할 수 있는 용어 행을 사용하는 것이 좋다. 원칙을 적용하는 데 도움이 되는 구체적 표현이 없다면 이 행을 생략해도 좋다.

용어 행은 **어휘 목록**이나 **전문용어 목록**을 대신하지 않는다. 어휘 목록은 라이팅 스타일 가이드에서 전통적으로 제시하는 내용의 일부로, 스펠링이나 단어 사용(예를 들어 미국식으로 canceled를 쓸지 영국식으로 cancelled를 쓸지)을 규정한다. 전문용어 목록은 해당 경험에 한정된 의미를 가진 단어를 정리한 목록이다. 보이스 차트의 용어 행은 경험에 매우 중요한 몇 가지 표현을 정리하는 것이므로 경험의 특성을 정의하는 데 도움이 된다.

더 스터전 클럽

더 스터전 클럽의 용어는 클럽 내 질서를 강화하는 역할을 한다([표 2-8]). 회원은 영양사나 컨시어지concierge(고객 서비스 담당자) 등의 클럽 직원과 약속을 잡을 수 있다. 하지만 회원 간의 만남은 **모임**이라고 부른다. 일반성을 가진 용어나 '전(前) 회원' 같은 호칭은 피한다.

[표 2-8] 더 스터전 클럽 제품 원칙에 맞는 용어

	품격	유대감	전통
용어	일반성을 가진 용어('매우', '아주' 등)를 피한다.	신뢰 회원 간의 모임 직원과 회원 간의 약속	회원 명예 회원 고인이 된 회원 전 회원이라고 칭하지 않음

애피

애피에서 사용하는 용어는 더 스터전 클럽의 용어와 용도가 다르다. [표 2-9]에서 볼 수 있듯이 즐거움과 놀라움이라는 항목에 사용하거나 피해야 할 용어를 규정하지는 않는다. 용어 참고 목록에 유일하게 제시한 내용은 애매하기는 해도 중요하다. 즉 "수요일에 올린 사진은 최고의 사진입니다"처럼 있는 그대로이면서 은유적이지 않은 표현을 사용한다.

[표 2-9] 애피 제품 원칙에 맞는 용어

	즐거움	통찰	놀라움
용어	{전문 용어 관련 규정 없음}	있는 그대로, 은유적이지 않은 표현	{전문 용어 관련 규정 없음}

TAPP

[표 2-10]에서, TAPP 보이스 차트는 경험 전반에 사용될 수 있는 표현을 구체적으로 제시한다. 특히 접근성 원칙 항목에서 '장애인'이나 '병약자' 같은 표현을 절대 쓰지 않도록 명시하며, '이용 가능한', '쉬운', '준비된' 같은 표현을 권장한다. 실제로 담당 팀은 휠체어나 기타 보조기구 이용자를 소외시키는 표현을 피하도록 한다. 그 대신 이용할 수 있거나 이용할 수 없는 것, 무엇이 쉽고, 준비되어 있는지를 명시해 모든 사용자를 포함한다.

[표 2-10] TAPP 제품 원칙에 맞는 용어

	효율성	신뢰성	접근성
용어	신속, 시간 절약, 비용 절약	규칙적, 정시 도착	이용 가능, 쉬움, 준비됨 사용 금지어: 장애인, 병약자

| 장황함

사용성을 엄격하게 따지자면 경험에서 쓰인 표현은 사용자의 머릿속에 남지 않아야 한다. UX 텍스트는 감상하거나 기쁨을 얻기 위해 읽는 텍스트가 아니기 때문이다. 자세한 설명이 필요한데 너무 짧게 표현되거나, 최소한의 단어를 써야 할 상황에서 장황하게 설명되어 있다면 사용자가 경험을 진행하는데 방해가 된다. 화면 크기와 읽기 형식reading format 역시 차이를 만드는 또 다른 요소이다. 사용자는 TV 화면보다는 데스크톱 컴퓨터나 모바일 기기에 제시된 글을 더 편하게 읽는 경향이 있다.

더 스터전 클럽

더 스터전 클럽은 의도적으로 차분한 분위기를 유지한다. 클럽의 명망을 높일 수 있다면 시간이 조금 더 들더라도 형용사와 부사를 써서 표현에 설명을 더한다([표 2-11]). 더 스터전 클럽은 캐주얼한 상황에서도 격식 있는 분위기를 추구한다. 따라서 짧은 구(句)를 쓸 만한 상황에서도 (더 많은 단어를 써서) 완성된 문장을 사용한다. 하지만 중후한 분위기를 유지하려는 원칙은 회원들의 시간 낭비를 야기할 수 있다. 회원들은 서로 간의 유대를 형성하기 위해 모이는 것이므로 클럽 컨시어지나 직원 또는 경험 자체와의 관계에서 장황함이 있어서는 안 된다.

[표 2-11] 더 스터전 클럽 제품 원칙에 맞는 장황함

	품격	유대감	전통
장황함	형용사, 부사를 이용해 응답과 설명의 품격을 높인다.	간략하게 응대하고 물러선다. 회원들은 컨시어지와 이야기하려고 모인 것이 아니다.	통상적 문구를 사용할 상황에서도 완성된 문장을 사용한다.

애피

애피의 보이스 차트에서는 장황함 행에 즐거움을 제시한다[(표 2-12)]. 여가용 게임인 애피는 어려움과 도전을 포함해야 한다. 이를 달성하는 방법 중 하나로 애피는 요점을 전달하는 데 필요한 것보다 적은 수의 단어를 사용한다. 애피 보이스 차트에서 이 칸은 보이스가 요리의 양념과 같은 역할을 담당한다는 사실을 보여준다. 양념이 너무 적으면 맛없는 음식이 되고 너무 많으면 먹기 힘들어진다. UX 라이터가 보이스의 이 항목을 너무 엄격히 적용한다면 경험에 사용할 만한 단어가 모두 사라질 것이다!

[표 2-12] 애피 제품 원칙에 맞는 장황함

	즐거움	통찰	놀라움
장황함	꼭 필요한 것보다 적은 수의 단어	{장황함 관련 규정 없음}	{장황함 관련 규정 없음}

TAPP

TAPP 보이스 차트의 장황함 행에서는 사용자가 성공적으로 환승하도록 돕거나, TAPP의 정확성을 강조하거나 명확하게 내용을 전달해야 할 상황이 아니라면 불필요한 형용사 또는 부사의 사용을 피할 것을 권고한다. TAPP은 공공 서비스이기 때문에 TAPP의 보이스는 실용적 목적에 초점을 맞춘다.

[표 2-13] TAPP 제품 원칙에 맞는 장황함

	효율성	신뢰성	접근성
장황함	사용자가 환승에 성공하도록 돕는 목적이 아니라면 가급적 형용사나 부사를 피함	정확한 정보를 전달하기 위해 충분한 단어 사용	명확한 정보를 전달하기 위해 충분한 단어 사용

| 문법

우리는 자연언어(인간이 일상적으로 사용하는 언어—옮긴이)를 통해 다양한 방법으로 생각을 구성하고 전달한다. 하지만 그 방법을 모든 경험에 적용할 수 있는 것은 아니다. 사용성을 극대화하기 위해서는 단순한 문법적 구조를 적용하는 것이 대부분 목적에 잘 맞는다. "정확한 금액의 현금과 환승 패스만 사용 가능합니다"나 "환승 패스를 충전하세요"처럼 단순하거나 지시형인 문장이 그 예이다.

하지만 사용성의 극대화만 추구한다면 기계적이고 비인격적인 어조가 되기 쉽다. 제품 원칙에 부응하는 문장 구조와 문법을 선택한다면, 사용성과 경험의 특징 사이에서 균형을 잡을 수 있다.

더 스터전 클럽

더 스터전 클럽은 보이스 차트의 문법 행을 통해 클럽 문화를 강화한다([표 2-14]). 클럽 경험에 품격을 불어넣기 위해서는 복잡한 문장 구조가 더 적합할 수 있다. 하지만 유대감 형성을 위해서는 논의 과정에서 쉽게 쓸 수 있는 단순한 문법의 문장이 바람직하다. 가장 중요한 점은 클럽 경험은 격식을 갖춘 문법 구조, 즉 수동태, 과거시제 그리고 두 개 이상의 절로 된 복문으로 표현되어야 한다는 것이다.

[표 2-14] 더 스터전 클럽 제품 원칙에 맞는 문법

	품격	유대감	전통
문법	경험을 표현할 때 단문이나 중문보다 복문으로 표현한다.*	의견을 교환할 때는 단순한 문장을 선택한다.	클럽에 대해 의견을 나눌 때 가능하면 수동태, 과거시제, 중문, 복문을 사용한다.

애피

더 스터전 클럽과는 반대로 애피는 현재형과 미래형을 선호한다. 규칙을 제시할 때도 보이스 차트의 문법 행([표 2-15])에 명시된 바와 같이 완전한 문장을 사용하지 않는다(3장, 표 [3-9] 참고).

[표 2-15] 애피 제품 원칙에 맞는 문법

	즐거움	통찰력	놀라움
문법	현재형과 미래형	{문법 관련 규정 없음}	구로 된 표현을 선호

TAPP

TAPP은 보이스 차트의 문법 행에서도 실용적 스타일을 유지한다([표 2-16]). 신뢰성을 강조하기 위해 완전한 문장을 사용하지만 구로 표현하는 것도 가능하며 단순함이 중요하다.

[표 2-16] TAPP 제품 원칙에 맞는 문법

	효율성	신뢰성	접근성
문법	단순한 문장이나 구	완전한 문장	단순한 문장이나 구

---

* 단문simple sentence: 한 개의 주절로 만든 문장. 예) I drank 2 bottles of water(나는 물 2병을 마셨다). 중문compound sentence: 두 개 이상의 주절이 등위접속사(and, but, or, nor, so 등)나 세미콜론으로 연결된 문장. 예) It rained; the game was cancelled(비가 왔고 그 경기는 취소되었다). 복문complex sentence: 한 개의 주절과 한 개 이상의 종속절로 만든 문장. 예) Though I tried hard, I failed(나는 열심히 노력해봤지만 실패했다)—옮긴이.

| 구두법과 대문자

구두법과 대문자는 비주얼이나 조판 디자인의 일부이며 UX 라이터의 업무가 아니라는 의견이 일반적이다. 대부분의 스타일 가이드가 중요하게 다루는 부분은 마침표 사용, 대시 부호(—)의 사용법 등이다. 조직에 따라 사용하는 스타일 가이드(AP, *Modern Language Association*, *Chicago Manual of Style*, APA styles)는 다양하다.

어떤 스타일을 선택했는지, 조직에서 스타일에 대한 결정권을 누가 가졌는지에 관계없이, 구두법과 대문자는 내가 UX 텍스트를 쓰면서 가장 자주 접하는 버그이다. 보이스 차트의 목적 중 하나는 구두법과 대문자에 대한 논의의 장을 마련하고 그 결과를 기록함으로써 차후의 혼란을 방지하고 경험에 일관성을 유지하고자 하는 것이다.

더 스터전 클럽

더 스터전 클럽 보이스 차트는 대문자가 클럽 내 관계와 역할을 어떻게 강조하는지 상세히 보여준다([표 2-17]). 콤마를 강조하고 느낌표(!)와 물결표(~)를 피한다.

[표 2-17] 더 스터전 클럽 제품 원칙에 맞는 구두법과 대문자

	품격	유대감	전통
구두법	엠 대시(—) 대신 시리얼 콤마**와 콜론(:)을 사용, 물결표, 느낌표를 피함	{구두법 관련 규정 없음}	문장에 마침표를 포함. 타이틀은 제외.
대문자	타이틀, 버튼, 제목에 타이틀 케이스***를 사용	관계(친구, 배우자, 부모님)는 대문자로 쓰지 않음	회원 직함, 역할, 위원회 직함, 이름은 첫 글자만 대문자로 표기

** 문장에서 3개 이상의 항목을 열거할 때 명확성을 위해 마지막 항목의 and나 or 앞에, ,(콤마)를 사용하는 형식—옮긴이.

*** 타이틀 케이스title case: 전치사, 관사를 제외한 제목의 모든 단어의 첫 글자를 대문자로 표기하는 방법—옮긴이.

애피

애피는 구두법을 자유롭게 활용하며, 전통과 격식보다는 재미를 우선시한다. 중요함을 표시하기 위해 대문자를 사용하는 대신 강조할 때만 대문자를 사용한다([표 2-18]).

[표 2-18] 애피 제품 원칙에 맞는 구두법과 대문자

	즐거움	통찰력	놀라움
구두법	마침표를 피하고 이모지, 감탄사, 감탄의문부호*, 물음표 사용	콜론(:), 세미콜론(;), 대시(—), 줄임표(...) 대신 물결표(~)를 사용	{구두법 관련 규정 없음}
대문자	강조할 때 대문자 사용	문장의 첫 글자만 대문자로 표기	{대문자 관련 규정 없음}

TAPP

TAPP은 효율성, 신뢰성, 접근성을 강조하기 위해 보이스 차트의 구두법과 대문자 행에서 명료함에 주력한다([표 2-19]). TAPP은 콤마와 마침표를 사용하며, 세미콜론(;), 대시(—), 삽입어구, 물음표를 피한다. 타이틀과 버튼은 즉시 알아볼 수 있도록 대문자로 표시한다.

[표 2-19] TAPP 제품 원칙에 맞는 구두법과 대문자

	효율성	신뢰성	접근성
구두법	콤마, 마침표를 사용. 물음표를 피함. 설명에 마침표를 피함.	마침표와 콤마를 사용. 물음표를 피함. 설명에 마침표를 피함.	세미콜론(;), 대시(—), 삽입어구를 피함.
대문자	타이틀 케이스를 사용한 타이틀, 제목, 버튼	타이틀 케이스를 사용한 타이틀, 제목, 버튼	타이틀 케이스를 사용한 타이틀, 제목, 버튼

---

* 인테러뱅interrobang이라 하며 감탄과 의문을 동시에 나타내는 비표준 문장부호이다. !? 또는 ?! 같은 의미가 있다—옮긴이.

| 보이스 차트 완성하기

모든 행을 합친 보이스 차트는 UX 콘텐츠가 조직과 경험 사용자의 목표를 충족시키는 데 초점을 맞출 수 있게 하는 강력한 도구이다. 누가 콘텐츠를 작성하더라도 각 콘텐츠에 관한 결정을 공유하고, 같은 보이스를 낼 수 있게 된다. 이렇게 정의되면 보이스 내에서 발생하는 갈등의 핵심을 파악할 수 있다. 예를 들어 애피는 통찰력에 대해 비은유적 설명을 명시하지만, 예측할 수 없고, 필요한 것보다 적은 단어를 사용한다. 다음으로 설명할 상상 프로세스에서 폭넓고 서로 다른 해결책을 상상하기 위해 보이스 차트 내에서 발생하는 이러한 긴장 상태를 다루는 법과 더불어 그중에서 선택하는 방법을 제시할 것이다.

[표 2-20], [표 2-21], [표 2-22]는 더 스터전 클럽, 애피, TAPP의 완성된 보이스 차트를 각각 보여준다.

[표 2-20] 더 스터전 클럽의 완성된 보이스 차트

	품격	유대감	전통
콘셉트	완성미와 화려함에 관련된 세부 사항, 기능적이며 장식적	화합, 소속감, 세심함	클럽 회원과 역사, 명성, 영향력에 대한 구체적 유대
용어	일반성을 가진 용어('매우', '아주' 등)를 피한다.	신뢰 회원 간의 모임 직원과 회원 간의 약속	회원 명예 회원 고인이 된 회원 전 회원이라고 칭하지 않음
장황함	형용사, 부사를 이용해 응답과 설명의 품격을 높인다.	간략하게 응대하고 물러선다. 회원들은 컨시어지와 이야기하려고 모인 것이 아니다.	통상적 문구를 사용할 상황에서도 완성된 문장을 사용한다.
문법	경험을 표현할 때 단문이나 중문보다 복문으로 표현한다.	의견을 교환할 때는 단순한 문장을 선택한다.	클럽에 대해 의견을 나눌 때 가능하면 수동태, 과거시제, 중문, 복문을 사용한다.
구두법	엠 대시(—) 대신 시리얼 콤마와 콜론(:)을 사용, 물결표, 느낌표를 피함	{구두법 관련 규정 없음}	문장에 마침표를 포함. 타이틀은 제외.

대문자	타이틀, 버튼, 제목에 타이틀 케이스를 사용	관계(친구, 배우자, 부모님)는 대문자로 쓰지 않음	회원 직함, 역할, 위원회 직함, 이름은 첫 글자만 대문자로 표기

[표 2-21] 애피의 완성된 보이스 차트

	즐거움	통찰	놀라움
콘셉트	거창한 성공이 아닌 작은 기쁨, 장식	생각이 교차하는 지점에서 발견되는 공통점	예측 불가, 실수와 난관이 재미를 유발
용어	{전문 용어 관련 규정 없음}	있는 그대로, 은유적이지 않은 표현	{전문 용어 관련 규정 없음}
장황함	꼭 필요한 것보다 적은 수의 단어	{장황함 관련 규정 없음}	{장황함 관련 규정 없음}
문법	현재형과 미래형	{문법 관련 규정 없음}	구로 된 표현을 선호
구두법	마침표를 피하고 이모지, 감탄사, 감탄의문부호, 물음표 사용	콜론(:), 세미콜론(;), 대시(—), 줄임표(...) 대신 물결표(~)를 사용	{구두법 관련 규정 없음}
대문자	강조할 때만 대문자 사용	문장의 첫 글자만 대문자로 표기	{대문자 관련 규정 없음}

[표 2-22] TAPP의 완성된 보이스 차트

	효율성	신뢰성	접근성
콘셉트	에너지 절감	정시 도착	누구나 탑승 가능한 이동 수단
용어	신속, 시간 절약, 비용 절약	규칙적, 정시 도착	이용 가능, 쉬움, 준비됨 사용 금지어: 장애인, 병약자
장황함	사용자가 환승에 성공하도록 돕는 목적이 아니라면 가급적 형용사나 부사를 피함	정확한 정보를 전달하기 위해 충분한 단어 사용	명확한 정보를 전달하기 위해 충분한 단어 사용
문법	단순한 문장이나 구	완전한 문장	단순한 문장이나 구
구두법	콤마, 마침표를 사용. 물음표를 피함. 설명에 마침표를 피함.	마침표와 콤마를 사용. 물음표를 피함. 설명에 마침표를 피함.	세미콜론(;), 대시(—), 삽입어구를 피함.
대문자	타이틀 케이스를 사용한 타이틀, 제목, 버튼	타이틀 케이스를 사용한 타이틀, 제목, 버튼	타이틀 케이스를 사용한 타이틀, 제목, 버튼

경험이 보이스를 통해 어떻게 구분되는지 쉽게 이해하기 위해 더 스터전 클럽, 애피, TAPP의 로그인 화면을 비교해보자([그림 2-2]).

[그림 2-2]
예로 제시된 3가지 앱의 로그인 화면은 각 경험이 가진 보이스의 차이를 보여준다. 각 보이스의 특징을 보여주는 더 많은 예시는 4장에서 볼 수 있다.

각 경험의 디자인 시스템은 거의 비슷하지만 텍스트는 눈에 띄게 다르다. 더 스터전 클럽은 '회원 휴대전화 번호'와 '고객센터'로 명기하지만, 애피는 (사용성 면에서 어려운 선택이지만) 필요보다 적은 수의 단어를 쓰기 위해 텍스트 입력 필드에 라벨을 제공하지 않는다. TAPP은 분명하고 완전한 라벨과 버튼을 써서 가장 접근성이 좋은 경험이 되었다.

의사 결정과 개선안 마련을 위한 보이스 차트 활용법

보이스 차트가 조직 내에서 그 권위를 인정받으려면 가능한 최고위 간부의 승인이 필요하다. 팀원들이 보이스 차트를 인지하고, 그 가치를 업무에서 인식하고 적용하기 위해서는 임원진의 후원과 지지가 필요하다.

그러니 임원진의 승인을 얻기 위한 행사를 계획하는 것이 좋다. 대개 행사와 공개를 통해 조직은 특정 아이디어에 대한 투자 가치를 알린다. 보이스 차트가 의사 결정의 수단으로서 효과를 발휘하고 인지되려면 공개와 행사가 꼭 필요하다.

미팅에서 의사 결정권자에게 보이스 차트에 대해 단계별로 자세히 설명하라. 의사 결정권자의 지지를 얻기 위해, UX 텍스트를 수정해서 사용하면 어떤 이점이 있는지 전과 후를 비교한 예시를 제공하라. 결정을 확정하기 위해 보이스 차트를 어떻게 활용할지 설명하고, 보이스 차트가 조직의 정서, 관계 또는 다른 지표에 미치는 효과에 대한 평가를 보여준다(6장 참고).

리더가 보이스 차트를 팀원에게 소개할 수 있는 두 번째 미팅을 계획하고, 인지도 강화를 위한 후속 조치로 뉴스레터, 이메일 공지 또는 팀의 정서에 부합하는 다른 채널을 활용하라.

조직에 맞는 보이스 차트가 완성되면 이제 의사 결정과 개선안을 마련할 도구로서 활용할 차례가 온다. 보이스 차트의 역할은 크게 3가지이다. 신입 UX 라이터 교육, 새로운 텍스트 디자인, 독립시키기이다.

| 신입 콘텐츠 제작자 교육

UX 라이터가 팀에 합류하고 해야 할 일 중 하나는 경험이 전략적으로 이용하는 아이디어와 용어 및 문법을 익히는 것이다. 보이스 차트는 조직의 다른 면을 이해할 때와 동일한 방법으로 신입 콘텐츠 제작자가 보이스를 이해하는 체계적인 참고 자료가 된다.

신입 팀원이 자신의 역할을 감당할 수 있도록 자리 잡는 과정에서 다른 팀원의 피드백은 특히 유용하다. 이때 피드백의 기초 자료로서 보이스 차트를 활용하면 신입 팀원은 더 빨리 배울 수 있다. 예를 들어 "우리의 보이스는 가능한 한 단순한 문법을 쓰는 것입니다. 더 단순하게 표현할 방법이 있을까요?" 또는 "보이스의 일부라는 면에서 이 콘셉트에 내용을 좀 더 추가할 수 있을까요?" 같은 피드백이 가능하다.

| 창안

새로운 UX 텍스트를 디자인할 때 보이스 차트를 활용하도록 한다. 경험의 순간에 적용할 제품 원칙 중 한 가지를 선택하고, 그 원칙을 강화할 수 있는 UX 텍스트를 작성한다. 그 옵션을 확보해두고 두 번째 제품 원칙을 통해 다른 아이디어와 용어, 문법을 사용해서 UX 텍스트 작성 과정을 반복한다.

예를 들어 TAPP 제품 원칙은 효율성, 신뢰성, 접근성이다. TAPP 경험의 메인 화면은 사용자의 위치를 포함하는 지도, 환승 경로를 찾을 수 있는 검색창, 버스표를 사거나 요금을 지불할 때 쓰는 버튼을 포함한다.

타이틀은 TAPP의 가치를 소개하고, 사용자가 원하는 바가 경로 찾기든 요금 지불이든 그 행동을 돕고 혼란을 초래하지 않아야 한다. 이 과정에 지침이 될 보이스 차트를 활용해 다음과 같은 3가지 원칙에 각기 부합하는 3가지 버전의 타이틀을 디자인할 수 있다(그림 [2-3]).

효율성
에너지 절감
신속, 시간 절약, 비용 절약

신뢰성
정시 도착
규칙적, 정시 도착

접근성
누구나 탑승 가능한 이동 수단
이용 가능, 쉬움, 준비됨

[그림 2-3]
3가지 TAPP 제품 원칙으로 각 헤드라인을 제시한 TAPP 환승 시스템 메인 화면

각 제품 원칙에 부합하는 콘텐츠 버전을 만든다면 그 자체로 브랜드의 일부로서 작동할 수 있다. UX 라이터가 경험의 목적을 분명히 파악하고 있고 그에 맞는 방법을 알고 있다면 UX 텍스트는 그 목적을 더 충실히 충족하며 더 다양한 면을 만족시킬 수 있다. 이것이 보이스 차트의 역할이다.

어떤 텍스트를 창조하든 이 반복 과정을 통해 선택할 수 있는 옵션의 폭은 더 커진다. 다양한 옵션을 가질수록 팀원과 공유할 수 있는 좋은 대안을 보유하게 된다. 단순히 "표현을 수정해야 한다"가 아니라 "최선의 옵션을 찾고 테스트해봅시다" 같은 제안을 할 수 있다. 자, 이제 좋은 대안 중에서 어떤 것을 사용할지 선택할 시간이다.

우수하고 다양한 UX 텍스트 옵션을 만들었다면 이제 서로 비교한 후 효율성에 어떤 차이점이 있는지 판단하고 선택할 수 있다(테스트와 평가에 대해서는 6장 참고).

테스트가 불가능하거나, 현실성이 없거나, 바람직하지 못하다면 UX 라이터와 담당 팀은 어느 것이 최선의 옵션인지를 놓고 의견을 모을 수 있다. 어느 옵션을 사용할지에 관한 의견이 일치하지 않으면 조직의 의사 결정 방법에 따라 최종 합의하면 된다. 내가 근무하던 팀과 조직에서 진행했던 3가지 방법은 다음과 같다. 합의, 자율적 결정, 상부 결정.

합의

조직이 합의 도출을 선호한다면 합의가 가장 나은 선택이 될 수 있다. 해결해야 할 문제에 대한 논거를 제시할 때는 즉각적으로 필요한 사항과 함께 조직의 포괄적 목표도 포함하는 것이 좋다. 브랜드와 경험 사용자 간의 관계 정립을 위해 조직에 필요한 바가 무엇인지 보이스 차트를 통해 그룹 구성원에게 다시 한 번 알린다.

자율적 결정

조직 문화가 독립성과 책임감을 선호한다면 UX 라이터가 결정을 내릴 수 있다. 다른 직원의 피드백과 함께 보이스 차트를 자신만의 체크리스트로 활용한다. '텍스트가 올바른 아이디어를 포함하는가?' '사전에 정의한 문법에 맞는 문구인가?' 보이스와 사용성을 모두 충족하는 두 가지 옵션이 있다면 둘 다 가능하다. UX 라이터가 결정하면 된다.

상부 결정

전문 지식이나 기술의 보유와 무관하게 많은 조직에서 고위직 임원이 의사 결정권을 가지고 있다. 의사 결정권자는 조직 전체와 팀을 위해 최고의 선택을 하기 위해 전문가나 네트워크를 통해 정보를 구할 것이다. 의사 결정권자가 전문가를 신뢰하는 상황이라면 가장 이상적이다. 그렇지 않다면 그들의 의사 결정권이 힘을 발휘하기 어렵다. 선택했을 때의 이점과 위험성에 대해 전문가와 네트워크를 통해 조언을 얻는다면 의사 결정권자와 조직은 결정에 대해 더 확신할 수 있다.

의사 결정권자가 선호하는 옵션이 보이스에 부합하지 않는다면 보이스 차트는 최종 결정 요소로 작용할 수 있다. UX 라이터가 보이스 차트에 대한 비준을 얻었다면 보이스 차트를 승인한 최고위직 임원과 동등한 권위를 확보한 것과 마찬가지이다. 예를 들어 보이스를 승인한 임원이 CEO라면 보이스에 동의하지 않는 팀은 CEO를 이해시킬 근거를 제시해야 한다.

요약: 모두의 목소리가 하나의 보이스를 만든다

경험의 보이스는 텍스트에 구현된 수많은 요소로 이루어진다. 포함하거나 제외할 아이디어를 선택하면서 시작되지만, 즉각 눈에 띄는 표현의 차이점이 없을 수도 있다. UX 라이터가 선택한 표현이나 표현의 사용 횟수, 구현 방법, 구두법과 대문자를 사용하는 방법에 따라 보이스는 달라진다.

우리가 의도적으로 경험의 보이스를 구현하면 우리가 선택한 어휘 하나하나는 조직과 소비자의 목표를 연결하는 힘을 가진 도구로 사용될 수 있다. 하지만 이는 한 사람만이 가진 도구가 아니다. 보이스 차트를 만드는 작업은 다양한 이해관계자의 시간과 노력을 통해 이루어진다.

UX 라이터가 독자적으로 보이스 차트를 만들 수 있다는 자신감이 확고하다 해도 그런 유혹은 뿌리쳐야 한다. 보이스를 설정할 팀은 적어도 마케팅, 연구, 생산, 지원, 디자인, 경영의 대표자를 포함해야 한다. 경험은 그것을 만든 사람을 반영하기 때문에 담당 팀은 제품 원칙이 보이스에 어떻게 영향을 미치는지 정의하는 절차를 거치면서 더 큰 성공을 이룰 수 있다. 새로운 보이스에 의견을 내려면 고려하고 준비하고 실행해야 한다. 모두 함께 노력한다면 사용자가 원하는 감정을 도출할 수 있고, 보이스 차트를 이용해 조직이 원하는 성공을 이룰 수 있다.

UX 콘텐츠로 그러한 감정을 만드는 것은 사람들이 경험할 단어를 쓰는 것으로 시작한다. 3, 4, 5장에서 그 표현을 쓰고, 편집하고, 평가하는 실용적 기술을 알아보겠다.

3장

콘텐츠 중심의
디자인을 만드는 대화

> **디자이너의 역할은 손님의 니즈needs를 예측하는 훌륭하고 사려 깊은 호스트와 같다.**
>
> — 찰스 임스Charles Eames, 미국 디자이너

텅 빈 종이를 앞에 두고 '재미있는 무언가를 만들기'라는 업무가 주어진다면 글쓰기가 쉽지 않다. 하지만 UX 라이터의 업무는 이와 다르다. UX 라이터가 쓰는 표현은 읽고 느끼고 감탄하기 위한 것이 아니라 사용자가 필요한 무엇을 찾고 있을 때 도움을 주고 기억에서 사라져야 한다. 우리는 UX 라이팅의 시작점을 알고 있다. 먼저 조직과 경험 사용자의 목표를 염두에 두고 보이스를 결정하는데 이미 작성해둔 보이스 차트에서 UX 라이팅은 시작된다.

3장에서는 인간이 타인과 교류하는 주된 방식, 즉 대화를 바탕으로 한 훈련을 공유한다. 대화는 경험을 디자인하는 방법으로 도표나 화면이 구성되기 전에 시작된다(기존 UX 텍스트의 편집은 5장을 참고).

대화는 인간의 유전자 체계에 자리 잡고 있다. 어떤 언어나 대륙, 문화에서든 인간은 말하고 대답한다.* 대화는 화면에서 보는 픽셀이나 스피커에서 나오는 소리보다 훨씬 전부터 존재했기 때문에 우리가 픽셀이나 소리에 반응하는 방식을 좌우한다.

이 책 전반에 걸쳐 UX 텍스트가 **구어체여야** 한다는 말은 '일상적 대화'나 '서민적' 보이스나 어조를 뜻하지 않는다. 인간이 단어로 구현하는 서로 간의 상호작용을 말한다. 사용자가 경험과 상호작용할 때 사용자는 경험과 대화하는 것이다.

새로운 디자인 프로세스의 첫 단계에서 우리가 목표를 가지고 시작한다면

---

*   *How We Talk: The Inner Workings of Conversation*, N. J. Enfield (Basic Books, 2017).

콘텐츠를 이끌 수 있고(모든 작업은 목표로부터 시작된다!), 대화를 만들고, 와이어프레임** 디자인을 만들 수 있다.

역할극을 이용한 대화형 디자인

이 훈련에서 우리는 대면$^{\text{face-to-face}}$ 대화를 하는 것처럼 경험을 하나하나 진행한다. 먼저 어디에서 대화를 시작하고, 언제 경험을 사용하며, 사용자가 원하는 바가 무엇인지 정한다. 또한 조직이 왜 이 상호작용이 일어나길 원하는지 파악해야 한다. 당신이 속한 팀에 대화형 디자인을 만들 팀원이 적어도 한 명 이상 있다고 가정하고 앞으로의 진행 과정을 설명하고자 한다.

대화형 디자인을 준비하기에 앞서 포스트잇과 화이트보드, 보드마커(메모를 공유할 수 있는 다른 수단도 가능)를 준비한다. 업무 파트너와 함께하거나 소그룹으로 모인다. 그룹 구성원이 전담 UX 라이터일 필요는 없지만 모든 구성원이 조직과 경험 사용자에 대해 잘 인지하고 있어야 한다.

대화형 디자인을 준비하는 과정에 조직과 경험 사용자 양쪽의 핵심 이해관계자를 대변할 수 있는 인물이 포함된다면 최적의 구성원이 될 수 있다. 조직의 경우 디자인, 연구, 제품, 비즈니스, 기술 팀원이 이에 해당할 것이다. 사용자의 경우 다양성이 핵심이다. 즉 경험을 사용할 다양한 범주의 인물을 대변하면 좋다. 경험을 처음 사용하는 사람, 이미 사용해본 적 있는 사람, 비슷한 사례를 통해 이미 경험에 친숙한 사람, 유사한 경험을 해본 적이 없는 사람이 모두 포함되면 좋다.

우선 필요 없는 사항을 메모한다. 디자인이나 화면은 필요하지 않다. 대화를 구현하기 위해 사용할 만한 디자인 요소는 아직 생각하지 않도록 한다. 디

** 와이어프레임wireframe: 웹 또는 앱 프로젝트를 진행할 때 필요한 과정 중 하나로 웹 페이지의 구조를 제안하기 위한 화면 설계도. 즉 디자인 전 단계에서 선wire을 이용해 윤곽frame을 잡는 것을 뜻한다─옮긴이.

자인 요소는 차후 작업에 해당한다.

　다음 예시에서 우리는 TAPP을 통해 버스 패스를 갱신하는 방법을 조사한다. 먼저 사용자가 어떤 인물인지, 원하는 결과가 무엇인지 정의한다. 벽이나 화이트보드에 소그룹 전체가 볼 수 있도록 시작과 끝 지점을 표시하고 긴 화살표를 그린다([그림 3-1]). 이 두 지점 사이를 대화로 채운다.

[그림 3-1]
대화형 디자인 훈련을 시작하면서 긴 화살표의 시작점에 사용자가 원하는 바를 기록하고 화살표 끝점에 그 결과를 기록한다.

　다음으로 소그룹과 함께 두 가지 질문에 대한 답안 목록을 작성한다.

- 사용자가 이 경험에서 원하는 바는 무엇인가? 그 이유는 무엇인가?
- 조직은 왜 이 경험을 제공하는가?

　같은 긴 화살표를 이용해 질문의 답을 기록하고 훈련 과정에서 언급하고 업데이트할 수 있도록 한다([그림 3-2]).

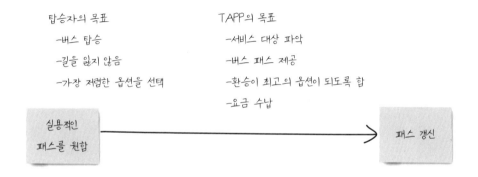

탑승자의 목표   TAPP의 목표

　-버스 탑승   -서비스 대상 파악

　-길을 잃지 않음   -버스 패스 제공

　-가장 저렴한 옵션을 선택   -환승이 최고의 옵션이 되도록 함

　　　　　　　　　　　　　　　　　-요금 수납

실용적인
패스를 원함   →   패스 갱신

[그림 3-2]

대화형 훈련에 두 가지 목록, 즉 경험 사용자와 조직의 목표를 추가한다.

　기본 요소가 완성되었으므로 역할극을 시작할 때가 되었다. 소그룹 일원이 역할을 분담하여 경험 사용자와 경험 자체를 담당한다. 이는 극장에서 사용되는 즉흥극과 유사하지만, 관객을 위한 공연은 아니다. 경험을 만들기 위해 좋은 결과를 도출하면 된다.

　역할극을 위한 최고의 방법은 일어나서 움직이는 것이다. 보디랭귀지를 포함한 대화를 통해 팀은 더 좋은 경험을 만들 수 있는 대화의 뉘앙스를 파악할 수 있다. 경험에 구매 활동이 포함된다면 '조직'이 계산대 뒤에 서서 계산원 역할을 한다. 첫 경험이나 온보딩 경험이라면 상대방이 닫힌 문 반대편에서 노크하는 상황에서 시작한다.

　경험 사용자의 역할은 원하는 바를 분명히 하고 목표를 충족할 수 있도록 진행하는 것이다.

　경험을 담당한 사람은 사용자가 원하는 결과를 얻고 조직 역시 목표를 충족하도록 돕는다. 경험 역할자는 경험 사용자의 니즈를 예측하는 사려 깊은 호스트이다. 역할극 참여자 모두가 힘을 합쳐 대화를 끌어낸 후 모두의 목표를 충족할 때까지 과정을 반복한다.

　역할극 배우들이 역할극을 시작할 준비가 되면 조직 역할을 하는 사람이 대화를 시작한다. "무엇을 도와드릴까요?" 같은 대화로 시작하면 무난하다(나

중에 변경해도 좋다).

모든 구성원이 경험의 역할 및 경험 사용자가 될 기회를 얻어야 한다. 대변하는 인물의 종류를 바꿔 다양한 니즈와 가능성을 포함한다면 최선의 결과를 낼 수 있다. 모든 구성원이 번갈아 경험의 역할을 담당한다.

즉흥극을 연습해본 팀원이 없다면 처음 몇 번은 어색할 수 있다. **그래도 끝까지 계속하는 게 좋다.** 첫 번째 휴식 시간을 갖기 전에 적어도 두 번은 대화 전체를 끝내는 것이 좋다. 대화가 막히는 역할 담당자가 있다면 목표와 결과 목록을 참고하면 된다. 양쪽 당사자의 모든 목표와 결과가 충족되면 경험을 끝낼 수 있다.

대화 역할극을 할 때마다 주제를 추가한다. 화살표 시작과 끝 지점 사이에 순서대로 주제를 기록한다. 주제를 설명하거나 질문할 만한 좋은 문구가 등장하면 추가로 기록한다.

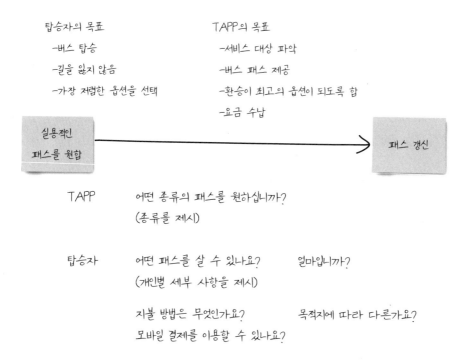

[그림 3-3]
대화의 내용과 순서를 포함한 대략적 기록을 화살표 양 끝 안에 정리한다.

팀원과 함께 다음 내용을 생각해보고 역할극을 해볼 수 있다. 질문의 순서를 다르게 한다면 어떤 일이 일어날까? 다른 방식으로 질문하면 어떻게 될까? 사용자가 어린이라면 혹은 다소 복잡한 무언가가 필요한 사람이라면 어떤 일이 생길까? 대화 훈련을 통해 다양한 생각을 테스트해볼 수 있다.

주제의 순서를 의도적으로 바꿔 경험을 더 효과적이고 흥미롭게 만들 수 있다. 이를 통해 전문용어를 도입하거나, 용어를 정의하거나, 개념을 바로잡거나, 구체적으로 도입할지 생각해볼 수 있다.

이 단계에서 대화는 다소 산만해질 수 있지만 산만함이 이 훈련의 핵심 중하나이다. 이 도식을 통해 디자인 작업의 초안을 만들 수 있다.

대화를 경험으로 전환하기

여러 차례의 탐색을 통해 대화를 시도해보았다면 이제 그 결과물을 기록할 차례이다. 산만한 버전을 사진으로 남겨서 나중에 참고할 수 있도록 한다. 그리고 산만한 버전을 기반으로 [그림 3-4]와 같이 모든 구성원이 동의하는 정리된 버전을 만든다.

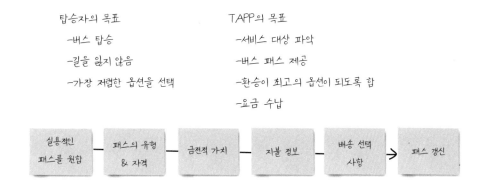

[그림 3-4]
대화 훈련 중 작성한 메모의 내용을 정리한 것으로, 사용자와 조직의 목표를 충족하는 '사용자 여정user journey'이라고 부르기도 한다.

기록으로 남은 단어를 눈여겨본다. 일상적이고 구어적이지만 읽기 어려운 단어를 찾아본다. 그런 단어를 찾는 한 가지 방법은 말풍선을 이용해 텍스트 메시지 대화 형태로 전환해보는 것이다([그림 3-5]).

[그림 3-5]
TAPP과 버스 패스를 구매하려는 사용자 간의 대화 내용을 말풍선으로 정리했다.

대화를 통한 디자인 훈련이 끝나갈 시점이면 전체 대화를 디자인할 수 있다. 이렇게 UX 라이터는 핵심 전문용어가 필요한 때를 파악했고 초안 텍스트를 얻게 되었다.

UX 또는 상호작용 디자이너는 시각적 경험으로 와이어프레임을 제작할 수 있는 충분한 자료를 갖추게 되었다. 따라서 보이스 인터페이스 경험의 매핑mapping(도표화)을 시작하거나 실제 경험을 만들 수 있다. 경험에서 말로 표현된 문구는 타이틀이나 라벨 또는 설명으로 이용될 것이다. 그리고 사용자가 말한 문구는 경험에서 사용자가 선택할 버튼과 옵션이 될 것이다.

콘텐츠 우선 디자인을 적용한 TAPP 패스 구매 단계의 초기 와이어프레임은 [그림 3-6]과 유사할 것이다.

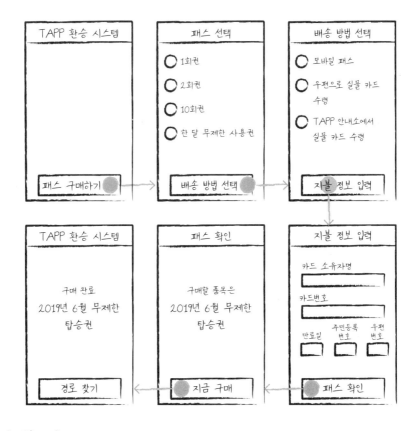

[그림 3-6]

대화를 통한 디자인 훈련의 결과로, TAPP 경험에서 버스 패스를 구매하는 초기 와이어프레임을 6단계로 제시한다.

이 훈련을 통해 팀원은 추가 경험의 엔트리 포인트entry point(시작점)를 파악할 수 있다(TAPP 예시에서는 회원가입이나 버스 탑승 단계). 또한 신용카드 만료 같은 엣지 케이스와 에러 상황을 찾을 수 있다. 디자인과 결합한 다양한 상황을 기록하면 경험은 잘 짜인 전체 틀을 갖출 수 있다.

요약: 알맞은 대화를 완성해가자

UX 텍스트와 디자인이 아직 최적화되지는 않았지만 가장 힘들면서 필수적인 작업이 끝났다. 팀원들은 이제 조직과 사용자 양쪽의 목표에 모두 부합하는 경험을 인지하고 있다. 드디어 알맞은 대화가 이루어질 것이라는 확신을 얻을 수 있다.

하지만 업무가 완료된 것은 아니다! 대화가 완성되었으니 UX 라이터는 배치, 검사 가능성, 보이스에 따라 UX 텍스트를 다듬을 수 있다. 이 과정은 경험 사용자의 다양한 니즈와 환경에 따라 확대되고 나뉜다. UX 라이터는 곧바로 반복적 편집 과정에 들어갈 수도, UX 텍스트 패턴을 적용해 편집된 내용으로 시작할 수도 있다.

4장

UX 텍스트 패턴
적용하기

당연하다고 여겨왔던 자신의 복잡한 형태에 주목하라.

— 더그 딜런Doug Dillon, 작가

디자인 패턴은 디자인에 문제가 생겼을 때 언제든 보편적으로 사용할 수 있는 해결책이다. 'UX 텍스트 패턴'의 용도는 쉽고 알아보기 쉬운 확실한 시작점을 세워 일관된 고품질 텍스트를 쓰기 위한 것이다. UX 텍스트 패턴은 기존에 성공적으로 사용되었던 텍스트 패턴에 기초해 빠르고 확장 가능한 방법으로 새로운 UX 텍스트를 쓰기 위한 도구이다.

여타 좋은 디자인 패턴과 마찬가지로 UX 텍스트 패턴 역시 단어나 표현을 규정하지 않는다. 그 패턴이 특정 문제를 해결하는 데 필수적이라는 인상을 주어서도 안 된다. UX 텍스트가 적절한 해결책이 아닌 상황도 있을 수 있다.

대부분의 경험에 사용되는 기본적 UX 텍스트 패턴은 다음과 같다.

- 타이틀
- 버튼과 그 외 상호작용 텍스트
- 설명
- 공백 상태
- 라벨
- 컨트롤
- 텍스트 입력 필드
- 전환 텍스트
- 확정 메시지
- 알림
- 에러

4장에서 다루는 UX 텍스트 패턴마다 중요한 정보 3가지가 제공될 것이다. 패턴의 목적, 정의, 사용이다. 책에서 예로 든 경험(더 스터전 클럽, 애피, TAPP)에 맞는 패턴의 예시도 각각 제공된다. 이를 통해 서로 다른 보이스를 가진 다양한 텍스트 패턴을 파악할 수 있을 것이다.

구분하기 쉽도록 더 스터전 클럽 화면은 왼쪽, 애피는 가운데, TAPP 화면은 오른쪽에 배치한다. 실제로 어떻게 적용되는지 볼 수 있도록 각 경험은 모바일 앱에서 보는 화면으로 제시되지만, 같은 UX 텍스트 패턴을 데스크톱이나 TV 화면에도 적용할 수 있다.

대부분의 경험에서 가장 먼저 접하게 되는 콘텐츠부터 시작하자. 바로 타이틀이다.

타이틀

목적: 직접적이고 명료한 맥락과 실행할 수 있는 행동을 제시.

타이틀은 정보 구조에서 가장 상위 단계를 표시하는 라벨이다. 또한 대개 경험에서 사용자가 가장 먼저 접하는 단일 텍스트이다. 사용자의 성공적인 경험 사용을 위해 타이틀이 맥락을 전달해야 한다는 뜻이기도 하다.

타이틀이 맥락을 전달하는 바람직한 방법은 4가지로 나눌 수 있으며 다음과 같다.

- 브랜드 네임
- 콘텐츠 네임
- 불분명한 항목
- 단일 항목

| 브랜드 네임 타이틀

브랜드는 그 자체로 경험을 규정한다. 그 맥락을 정하기 위해 경험의 명칭을 브랜드 네임 타이틀로 사용한다.

예를 들어 더 스터전 클럽 메인 화면은 클럽 모노그램('TSC'로 표기)과 명칭을 브랜드 네임 타이틀로 사용한다([그림 4-1]). 더 스터전 클럽의 회원이 가장 자주 접하는 화면이므로 브랜드가 잘 드러나야 한다.

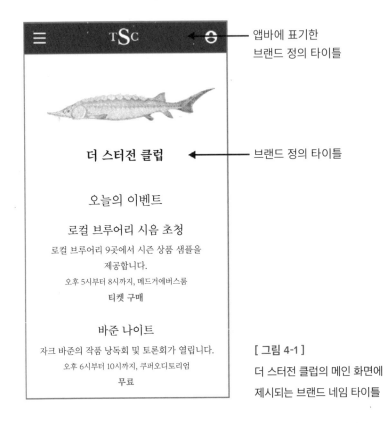

앱바에 표기한
브랜드 정의 타이틀

브랜드 정의 타이틀

[그림 4-1]
더 스터전 클럽의 메인 화면에
제시되는 브랜드 네임 타이틀

다수의 앱은 화면과 관련된 타이틀을 맨 위쪽에 제시하지만, 더 스터전 클럽의 경우는 다르다. 클럽이 회원에게 제공하는 요소 중 하나인 소속감을 강화하기 위해 일관된 모노그램과 브랜드를 모든 화면의 타이틀로 유지한다.

화면의 중앙부에 제시된 두 번째 브랜드 네임 타이틀을 통해 정보의 우선순위를 강조한다. 메인 페이지에 두 개의 타이틀을 모두 포함하면서 각 화면은 페이지 내에서 나름의 맥락을 유지한다.

콘텐츠 네임 타이틀

블로그나 SNS 게시글, 이미지 같은 콘텐츠로 화면이 구성된다면 그 콘텐츠를 바탕으로 한 타이틀을 사용할 수 있다. 이를 콘텐츠 네임 타이틀이라고 한다. 콘텐츠 네임 타이틀은 블로그 주인처럼 콘텐츠를 제공하는 사용자가 직접 구체화하거나 SNS의 포스트 타이틀처럼 콘텐츠 자체에서 생성될 수도 있다.

예를 들어, 애피는 챌린지의 이름을 챌린지에 도전하는 각 이미지의 타이틀로 사용한다. 블러스터 챌린지[Bluster challenge]의 우승자를 보여주는 애피 화면의 적절한 타이틀은 '블러스터[Bluster]'이다([그림 4-2]).

콘텐츠 네임
타이틀

[그림 4-2]
애피는 챌린지의 이름을 챌린지에 도전하는 각 이미지의 타이틀로 사용한다. 이 그림에서 블러스터 챌린지의 우승자는 앱바에 '블러스터 Bluster'라는 콘텐츠 네임 타이틀을 소유하게 된다.

| 불분명한 항목 타이틀

개인 계정의 대시보드dashboard(계정에 관한 다양한 정보를 확인하고 다른 사용자들의 반응을 살펴볼 수 있는 도구—옮긴이) 화면처럼 사용자가 할 수 있는 행동이 여러 가지일 경우, 불분명한 항목 전체를 포괄할 수 있는 타이틀을 사용하는 것이 좋다.

불분명한 항목에 대해 사용자 맥락을 결정하는 명사나 명사구를 사용하거나, 사용자가 할 수 있는 행동과 관련된 항목을 보여주는 동사구를 사용한다. 이 같은 타이틀은 비록 염두에 두고 있는 행동이 불분명하더라도 사용자가 자신의 목적을 달성할 수 있는 적절한 상황에 있다는 사실을 확인시켜준다.

예를 들어, 애피에서 사용자가 자신의 프로필 화면을 보는 이유는 다양하다. 자신의 사진이나 스탯*을 보거나 프로필 사진이나 개인정보를 업데이트할 수 있다. 따라서 타이틀은 '당신의 모습은?'이라는 구로 표현될 수 있다([그림 4-3]). 사용자가 한 개 이상의 계정을 가지고 있을 수 있으므로 '당신'이 누구인지 표시하는 것이 중요하다. 애피는 화면에 콘텐츠 네임 타이틀을 사용함으로써 이 문제를 해결한다.

---

* 스탯stat: 게임 점수, 플레이 시간, 활동 점수, 레벨, 경험치 등 게임에서 플레이어의 활동이나 업적이 정리된 통계를 줄여서 부르는 말이다. 게임에서 캐릭터의 능력치를 '스탯'이라고 부르기도 한다—옮긴이.

불분명한 항목 타이틀을
앱바에 표기

콘텐츠 네임 타이틀을
화면에 제시

[그림 4-3]
애피에서 플레이어 Jemidux가 프로필을 열면 '당신의 모습은?'이라는 불분명한 항목을 보여주
는 타이틀과 화면의 콘텐츠 네임 타이틀로 제시된 자신의 계정명을 보게 된다.

| 단일 항목 타이틀

단일 항목 타이틀은 사용자가 할 행동을 설명하는 역할을 한다. 설명이 올
바른 행동으로 이어질 수 있도록 지시형 어구를 사용한다.

예를 들어, [그림 4-4]에서처럼 TAPP은 사용자가 버스에 승차해 요금을 지
불하려 할 때 스캔해야 할 코드를 제시한다. TAPP은 '요금 지불'이라는 단일
항목 타이틀을 사용한다. 이 행동을 위해 버튼을 누를 필요는 없다. 사용자가
버스에 있는 코드 리더기를 이용할 때 필요한 행동은 이미 정해져 있기 때문
이다.

단일 항목
타이틀

요금 지불

버스 승차 시 요금을 지불하려면 이 코드를 스캔하세요

요금 지불 준비 완료

$16.20 사용 가능

[그림 4-4]
TAPP의 요금 지불 화면은 앱바에
단일 항목 타이틀을 제시한다.

타이틀은 사실 시작 지점일 뿐이다. 실제 행동은 사용자가 텍스트를 탭하거나, 클릭하거나, 선택하면서 일어난다.

단일 항목 타이틀이 제시하는 것처럼 타이틀의 주된 목적은 대부분 사용자가 취할 수 있는 행동을 소개하기 위한 것이다. 사용자는 대개 버튼을 이용해서 다음 행동을 취한다.

버튼, 링크, 기타 명령

목적: 사용자가 경험을 계속 진행하거나 행동을 실행하도록 한다.

버튼이나 기타 상호작용 텍스트는 사용자가 다음 단계에 진입하기 위해 탭하거나, 클릭하거나, 말하면서 상호작용하는 모든 유형의 텍스트를 가리킨다.

상황에 따라 **링크**, **실행**, **명령**으로 불리기도 한다. 동작을 수행하거나, 사용자를 다음 화면으로 이동하게 하거나, 다른 탐색을 유도하는 모든 과정이 이 패턴에 포함된다.

버튼은 경험에서 가장 중요한 텍스트 중 하나로 볼 수 있다. 버튼을 통해 사용자는 자신의 목적을 알린다. 버튼(및 제한된 범위 내의 컨트롤)은 사용자가 경험에 '말을 거는' 방식이다. 버튼을 통해 사용자와 경험은 대화를 할 수 있어야 한다. 텍스트, 타이틀, 설명, 빈 화면, 라벨, 확정, 에러 등의 요소는 사용자와 경험 간에 이루어지는 대화의 수단이다.

버튼은 눈에 띄고, 구체적이며, 한두 단어로 짧게 표현될 때 최적의 결과를 낼 수 있다. 나의 테스트 경험을 예로 들자면, 두 단어를 초과한 버튼보다 한두 단어로 된 버튼의 사용 빈도가 더 높다. 또한 사용자가 대화에서 실제로 쓸 법한 단어로 된 버튼은 포괄적 버튼이나 대화에서 잘 쓰지 않는 단어로 된 버튼보다 훨씬 유용하게 사용된다.

예를 들어, 더 스터전 클럽에서 이용 요금을 검토하거나 클럽 회비를 내고자 하는 사용자는 폴리오 화면^Folio screen(계정을 식별하는 화면—옮긴이)을 접하게 된다([그림 4-5]). '$308.48 지불' 버튼은 클럽의 수익 창출이라는 면에서 가장 중요한 버튼이다. 따라서 텍스트는 분명한 지시형으로 표현된다. 금액도 같은 버튼 안에 표시해 더 구체적이다. 회원은 이미 지불 방법을 등록했으므로 하나의 버튼으로 지불은 순조롭게 완료된다.

그리고 회원에게 두 가지 추가 옵션이 제공될 수 있다. 지불 방법 변경을 위한 지시 버튼과 '뒤로' 화살표가 그것이다. 이때 버튼의 순서가 중요하다. 대화와 마찬가지로 가장 일반적이거나 우선되는 행동이 먼저 제시되는 것이 좋다.

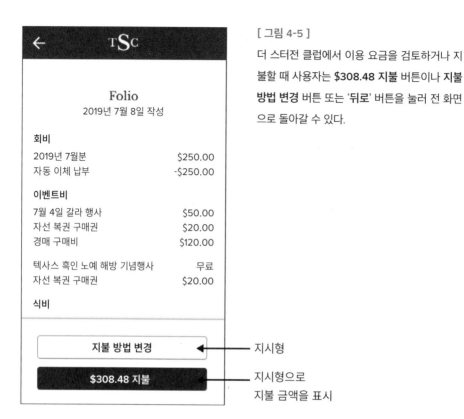

[그림 4-5]

더 스터전 클럽에서 이용 요금을 검토하거나 지불할 때 사용자는 **$308.48 지불** 버튼이나 **지불 방법 변경** 버튼 또는 '뒤로' 버튼을 눌러 전 화면으로 돌아갈 수 있다.

(그림 속 내용)

TSC

Folio
2019년 7월 8일 작성

회비
2019년 7월분 $250.00
자동 이체 납부   -$250.00

이벤트비
7월 4일 갈라 행사 $50.00
자선 복권 구매권 $20.00
경매 구매비 $120.00

텍사스 흑인 노예 해방 기념행사   무료
자선 복권 구매권 $20.00

식비

지불 방법 변경 ◄—— 지시형

$308.48 지불 ◄—— 지시형으로 지불 금액을 표시

단어 없이 아이콘만 사용될 때도 있다. 아이콘을 사용하면 화면에 나타나는 단어의 수를 줄일 수 있다. '뒤로' 버튼은 단어 없이 제시되지만, 시력이 나쁜 사용자나 시각장애인을 위해서는 스크린 리더가 '뒤로' 버튼을 읽을 수도 있다. 읽는 표현에도 동일한 규칙을 적용하는 것이 일반적이다. 따라서 스크린 리더가 읽는 버튼은 사용자가 대화에서 쓸 만한 한두 단어를 써 최대한 명료하게 하면 최고의 기능을 발휘할 수 있다.

다른 유형의 버튼을 메뉴나 목록에 사용할 수 있다. 이 경우 명사형이 더 효과적이다. 예를 들어, 애피에서 사용자는 메뉴 버튼을 이용해 저장해둔 이미지나 친구, 설정, 도움말에 접근할 수 있다([그림 4-6]).

사용자는 명사형 버튼으로 원하는 메뉴를 선택할 수 있다.

[그림 4-6]

사용자는 애피에서 명사형으로 제시되는 메뉴나 목록 버튼을 통해 저장 목록, 친구, 설정, 도움말에 각각 접근할 수 있다.

메뉴 아이템은 각기 버튼의 역할을 하지만 사용 맥락에 맞게 디자인되어야 한다. 이를 통해 단어나 표현을 확연히 다르게 표현해 차이를 분명히 보여줄 수 있다. 버튼은 옵션으로 선택될 수도 있다. 애피에서 볼 수 있듯이 각 버튼에 한두 개의 단어를 사용하면 플레이어는 가능한 옵션을 한눈에 볼 수 있다. 이 같은 디자인을 통해 사용자는 처음부터 원하는 옵션을 늘 쉽게 선택할 수 있다.

단일 행동 타이틀과 짝을 이룰 때 버튼에 타이틀의 단어를 매치하면 가장 효과적이다. 예를 들어 사용자가 TAPP 계정을 생성하고자 하면 '계정을 만드세요'라는 타이틀을 접하게 된다([그림 4-7]). 이 행동을 돕는 '계정 만들기'라는 라벨을 가진 버튼은 타이틀과 짝을 이룬다. 이 두 문구가 밀접하게 짝을 이루므로 전달하려는 의미가 분명해진다. 따라서 사용자는 타이틀에 적힌 단일 행동을 실행하게 된다. 만약 그 버튼에 '저장'이나 '제출'이라고 쓰여 있다면 사용자는 원하는 행동을 제대로 하고 있는지 확신하기 어렵다.

[그림 4-7]
TAPP에서 새로운 계정을 만드는 사용자에게 '계정을 만드세요'라는 타이틀은 '계정 만들기' 버튼과 연결된다. 이 같은 균형적 요소를 통해 사용자는 실행할 행동에 대한 확신을 얻는다.

　　버튼과 타이틀만으로 충분하지 않은 경우도 많다. 사용자가 원하는 바를 이루려면 추가 정보가 필요할 때도 있다. 사용자가 행동을 실행할 때 그에 따른 이득에 대한 설명이 필요한 경우도 있지만, 타이틀과 버튼에 주어진 공간은 제한적이다. 경험이 어떻게 진행될지 기대치를 설정하거나, 브랜드를 강화하고자 할 때 경험에 설명이 추가될 수 있다.

설명

목적: 사용자가 무엇을 예상할 수 있는지 파악하고 행동에 옮길 수 있도록 돕고, 브랜드 명성을 확고히 하며, 법적 책임을 줄인다.

설명은 정보를 담은 텍스트이며 본문으로 불리기도 한다. 이는 구, 문장, 단락으로 표현될 수 있다. 설명은 숨겨진 텍스트인 경우도 있어서 스크린 리더가 시각적 디자인을 설명해야 할 수도 있다. 설명에 대한 상호작용(탭, 클립, 마우스오버 등)은 효과가 없다(설명에 탭할 링크나 아이콘이 포함될 때는 버튼 패턴을 따르는 것이 좋다).

설명 텍스트의 목적은 대개 사용자가 설명을 읽어야만 달성된다. 설명을 무시하는 사용자가 많기 때문에 설명 텍스트를 우습게 여기는 디자이너도 있다. 사용자는 UX 텍스트를 읽기 위해 경험을 하지는 않기 때문이다.

설명 텍스트가 꼭 필요하다면 가능한 한 쉽게 표현해야 한다. 영어의 경우 인터페이스 사용자들은 40자(3개에서 6개 단어)까지 빠르게 훑을 수 있다. 사용자는 텍스트 한 문단이 3행 정도면 그중 몇 단어만 눈으로 읽는다. 따라서 설명은 최대한 적은 단어로 표현해야 사용자가 쉽게 이해하고 다음 단계를 진행할 수 있다.

텍스트가 길어지면 사람의 눈은 개별 단어에 머물지 않는다. 의심이 시작되는 것이다. 연구 참가자와 팀원은 '텍스트 벽'을 언급하기 시작한다. 텍스트를 간략하게 유지하고, 사람들이 눈으로 훑어볼 수 있을 만큼씩 아이디어별로 분리하면 사용자는 제대로 이해하고 있다는 자신감을 얻고 경험을 성공적으로 사용할 것이다.

신뢰는 필수적이다. 조직이 사용자에게 멋진 약속과 쉬운 경로를 제시한 뒤 생략을 의미하는 별표와 깨알 같은 글씨로 그 약속을 저버린다면 신뢰를 잃을 가능성이 크다. 읽기 힘든 설명과 내용을 제시하는 조직은 뭔가 숨길 의도가 있다는 사실을 알리는 것이나 다름없다. 별표 사용은 본문 내용에 정직하지 못한 부분이 있고 신뢰하기 힘들다는 사실을 나타내는 것이다.

경험을 사용할 때 반드시 포함될 복잡한 아이디어가 있다면 설명에 포함시키는 것이 좋다. 단순한 표현을 사용하고, 필요하다면 조직과 사용자에게 어떤 이득을 주는지 설명한다. 이 과정에서 프로덕트 오너, 법무팀, 경영주가 함께 긴밀히 협조해야 할 수도 있다.

예를 들어, 더 스터전 클럽은 [그림 4-8]에서 보는 바와 같이 메시지 시스템을 보유하고 있다. 클럽은 메시지 목록 최하단에 메시지 시스템이 안전하고, 회원 간에만 공유하며, 내용은 30일 이내에 삭제된다는 설명을 포함시켜 회원 모두의 기대를 충족한다. 회원에게는 유용한 정보이고 클럽으로서도 내용을 밝히는 것이 당연히 유용하지만, 회원이 메시지 시스템을 성공적으로 사용하기 위해 설명 텍스트를 꼭 읽을 필요는 없다.

플레이어가 게임을 원할 때 애피는 '기본 규칙' 페이지에 설명 텍스트를 게시한다([그림 4-9]). 플레이어는 작정하고 규칙을 깨뜨릴 계획이 아니라면 설명을 반드시 읽을 필요가 없다. 이 설명 텍스트는 플레이어에게 규칙을 알리고, 플레이 전에 인지하게 하기 위한 것이다. 이를 통해 애피는 부당한 투표나 결정으로 인한 청구나 부적절한 이미지와 관련된 법적 책임을 줄일 수 있다.

애피에는 사용자가 모든 규칙을 보고 싶어 하거나, 긴 설명을 통해 재확인하길 원하거나, 플레이를 계속하기 위해 구체적 정보를 요구하는 사용자를 위한 '모든 규칙' 버튼이 있다. 추가 정보를 요구사항이 아닌 옵션으로 포함시키는 방법 중 하나이다.

TAPP은 '요금 지불' 과정의 첫 화면에 설명 텍스트를 제공한다([그림 4-10]). 이

[그림 4-8]

더 스터전 클럽 메시지 화면에 두 개의 읽은 메시지와 안 읽은 메시지가 있다. 화면 맨 아래의 설명을 통해 메시지 시스템 운용에 대한 회원의 기대를 충족하면서 30일 이내에 메시지가 자동 삭제된다는 내용을 밝히고 있다.

[그림 4-9]

애피의 기본 규칙 화면은 성과 약물과 관련되거나 폭력적인 내용은 허용하지 않으며, 플레이어는 챌린지별로 한 번만 플레이할 수 있고, 모든 투표와 결정은 최종적이라는 내용의 설명 텍스트를 포함한다. 이 화면은 규칙이 적용되지 않거나 잊었을 때 발생할 수 있는 법적 청구로부터 애피를 보호한다.

화면은 방금 등록한 사용자가 구매할 수 있는 다양한 패스를 보여주지만 할인 요금 적용 대상에게는 설명을 통해 관련 내용을 전달한다. 승객은 일반 요금으로 구매할 수도 있고, 설명을 읽고 할인 요금에 해당한다면 할인 적용을 받을 수 있는 단계로 이동할 수 있다.

[그림 4-10]

TAPP에서 버스 요금을 지불하는 첫 화면. 할인 요금으로 구매하길 원하는 사용자는 '할인이 가능한 계정'으로 로그인하거나 TAPP 고객센터를 직접 방문하라는 내용을 설명으로 전한다.

설명은 불완전하게 보일 수 있다. 할인 요금이나 유효 계정은 무엇인지, 할인 요금 적용 자격 유무를 아는 방법을 명확히 밝히지 않았기 때문이다. 하지만 텍스트를 간략하게 하고, 단숨에 훑어보기 쉽게 하려면 정보를 선택적으로 제공해야 한다. 이 화면은 탑승자가 요금을 지불하도록 하는 것으로, 요금 관련 정보를 제공하는 기능은 없다. 할인 요금 정보는 별도로 제공되어야 한다.

타이틀과 설명, 버튼이 가장 적절히 융합될 수 있는 위치는 '공백 상태'이다. 기대 행동이나 콘텐츠가 사용자에게 맞지 않으면 사용자는 경험이 빈 상태라고 느낀다. 다음으로 다룰 내용은 타이틀과 설명, 버튼을 특별하게 쓴 예시이다.

공백 상태

목적: 공백 상태가 의도적임을 분명히 하고 기대를 불러일으킨다.

내 경험에 따르면, 팀원은 최적의 상황, 즉 사용자가 경험을 완벽히 이해하고 가능한 것들을 최대한 활용하는 상황에 맞춰 디자인하는 경향이 있다. 사용자가 이미 완료한 행동을 경험이 강조만 한다면 사용자는 그 경험을 처음 접할 때의 공백 상태로 느낄 수 있다. UX 라이터는 이런 공백 상태가 잘못된 것이 아니라는 점을 알려야 한다.

공백 상태 텍스트는 한 줄 텍스트처럼 단순할 수 있고, 타이틀, 설명, 버튼처럼 복잡할 수도 있다. 가장 단순한 방법으로 'X를 하려면 Y를 하세요(To do X, do Y)' 같은 포맷을 사용하면 (X) 기능과 (Y) 액션을 강조하는 동시에 효과적으로 사용자를 다음 단계로 진입하게 할 수 있다.

예를 들어, 더 스터전 클럽에서 사용자는 로그인하지 않으면 다음 단계로 이동할 수 없다([그림 4-11]). 다음 단계는 로그인뿐이다. 사용자가 다른 행동을 하도록 돕는 메뉴도 비어 있다. 메뉴의 공백 상태 텍스트는 사용자가 다음 단계로 이동하는 데 도움이 된다. "멤버십에 접속하려면 로그인하세요." 여기서 로그인 경험을 시작하는 상호작용 텍스트는 '로그인' 부분이다.

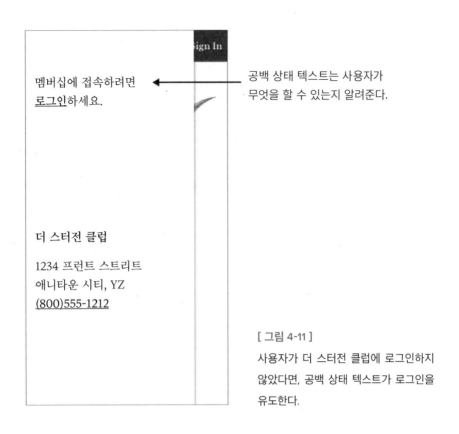

멤버십에 접속하려면
로그인하세요.

공백 상태 텍스트는 사용자가
무엇을 할 수 있는지 알려준다.

더 스터전 클럽

1234 프런트 스트리트
애니타운 시티, YZ
(800)555-1212

[그림 4-11]
사용자가 더 스터전 클럽에 로그인하지
않았다면, 공백 상태 텍스트가 로그인을
유도한다.

공백 상태에서 사용자가 할 수 있는 행동이 없을 때도 있다. 애피에서 다른
사용자의 프로필을 열더라도 그 사용자가 등록한 이미지가 없다면 볼 수 있는
이미지가 없다. 예를 들어 사용자 goldilox는 등록한 이미지가 없으므로 프로
필 화면에 게시할 이미지가 없다([그림 4-12]). 따라서 "goldilox가 플레이할 때
만 목록을 볼 수 있습니다"라는 텍스트가 나타난다.

goldilox

goldilox
Ashgrove.CT

goldilox가 플레이할 때만
목록을 볼 수 있습니다.

공백 상태 텍스트는
사용자가 무엇을 할 수
있는지 알려준다.

[그림 4-12]

애피 사용자의 프로필 화면은 통상 여러 챌린지에 도전한 이미지를 보여준다. 사용자가 아무런
이미지를 등록하지 않았다면 다른 사용자는 공백 상태 텍스트를 통해 그 공간이 어떻게 채워지
는지 이해한다.

공백 상태는 더 복잡해질 수도 있다. 단순히 하나의 동작으로 실행할 수 있
는 행동을 제시하기 힘든 경우라 해도 사용자는 그 공백 상태를 채우길 원할
수 있다. TAPP에서는 자주 이용하는 버스 경로를 저장하기가 매우 쉽다. 하지
만 저장된 버스 경로가 아직 없다면 화면에 뜰 정보 자체가 없다([그림 4-13]).

TAPP은 단순히 '저장된 경로 없음'을 표시하는 대신, 이 기회를 활용해 경
로를 저장하는 방법을 사용자에게 알린다. 공백 상태에서 "경로를 저장하려면
원하는 경로에서 저장을 누르세요"라는 설명을 제공한다. 그리고 경로 찾기
버튼을 제공한다. 설명과 행동을 통해 사용자는 성공적으로 경로를 저장할 수
있게 된다.

공백 상태 텍스트가
설명을 제공

[그림 4-13]
저장된 경로가 없을 때 TAPP은 사용자에게 경로를 저장하는 방법을 보여준다. 이어서 저장을
위해 필요한 단계인 **경로 찾기**를 제공한다.

설명, 버튼, 타이틀은 공백 상태에서 훌륭한 도구가 된다. 하지만 공백 상태
와 반대되는, 세부 사항이 많은 경험이라면 특별한 형태의 설명 형식, 즉 라벨
이 필요하다.

라벨

목적: 경험을 이해하기 위한 노력을 최소화한다.

라벨은 사물에 이름을 붙이거나 묘사하는 명사구나 형용사이다. 라벨은 항

목section, 목록category, 상태status, 과정progress, 양quantity, 단위unit를 나타낼 때 쓴다. 많은 세부 사항을 전달해야 할 때 라벨을 이용하면 정보를 간편하고 명료한 포맷으로 전달할 수 있다. 하지만 라벨을 쓸 때는 주의해야 한다. 선택하고, 보이스에 맞춰 조절해야 하고, 번역이나 다국어화 과정이 필요하다.

텍스트 패턴에서 설명과 라벨은 길이와 목적에 따라 달라진다. 설명은 일반적으로 완전한 문장이며 구두법에는 구애받지 않는다. 라벨은 통상 단일 명사나 명사 쌍으로 이루어진다. 설명은 타이틀, 버튼 혹은 전체 경험에 사용된다. 라벨은 아이콘, 항목 같은 수동적 화면 요소와 연관되며 해당 맥락에 한정된다.

라벨은 목적에 일치하도록 구체적 용어를 사용하고 친숙하지 않은 특수 용어를 피한다. 모호하거나 사용자가 이해하기 힘든 특수 용어가 사용되면 라벨 때문에 오히려 경험을 이해하기 힘들어진다. 사용자가 자연스럽게 사용할 만한 단어를 찾기 위한 사용성 테스트와 사용자 연구에 라벨을 이용할 수 있다. 인간은 두뇌에 이미 자리 잡은 표현을 볼 때 가장 쉽다고 여긴다.

라벨에 기능적 요소가 포함되면 복잡해진다. 한 아이템의 비용이 얼마가 될지, 시기는 언제일지 혹은 SNS에서 몇 개의 '좋아요'를 얻게 될지는 UX 라이터가 파악하기 힘들다. UX 라이터는 변수를 파악하고, 그 변수에 해당하는 모든 가능한 가치를 따진 후 최종적으로 표현을 선택해야 한다.

예를 들어, 더 스터전 클럽의 폴리오 화면에서 라벨은 날짜 라벨, 항목 라벨, 각 아이템의 비용을 표시하는 금액 라벨, '무료'라는 텍스트 라벨을 포함한다([그림 4-14]). 폴리오 경험이 만들어지면 날짜 라벨은 '작성된 {날짜}'로 표시될 수 있고, 이때 {날짜}는 회원을 위해 폴리오가 작성된 날짜를 나타낸다. 날짜의 포맷은 월, 날짜, 콤마, 연도를 더해 구체화되어야 한다. 디자인 및 기술 팀과 협력해 날짜 포맷을 구체화하는 작업이 UX 라이터의 업무인 경우도 많다.

엔지니어는 가능하다면 날짜, 금액 같은 숫자 포맷에 기존 코드 라이브러

리를 사용해야 하지만 이때 라벨에 관한 확인이 필요하다. 더 스터전 클럽의 폴리오에서 달러 금액을 괄호 안에 표시하는 대신 마이너스(-) 표시를 사용하려면 미리 결정을 내려야 한다. 연구 과정의 시나리오에서 회원들에게 조정이나 지불금이 어떻게 표시되길 원하는지 질문하고 그 결과를 적용할 수 있다. 더 스터전 클럽은 미국 달러만을 사용하므로 '$'로 표시하고, 달러와 센트 사이에 '.'을 넣는다. 하지만 유럽에서도 사용되는 경험에서 숫자를 제대로 표시하려면 유로화 표시 '€' 및 ','를 어떻게 사용할지 고려해야 한다.

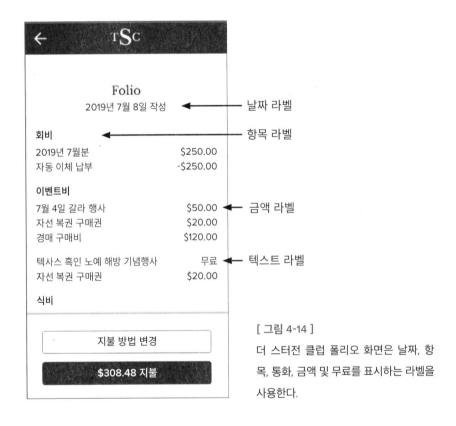

[그림 4-14]
더 스터전 클럽 폴리오 화면은 날짜, 항목, 통화, 금액 및 무료를 표시하는 라벨을 사용한다.

애피 경험에서 사용자가 이미지를 볼 때 해당 이미지와 관련된 통계 자료를 보여주는 다수의 라벨을 볼 수 있다([그림 4-15]). 아이콘들은 버튼 텍스트가 없을 때 각기 버튼으로 작용한다. 아이콘을 즉각 식별할 수 있어야 하며, 이는 최소한의 단어를 사용하고자 하는 애피의 보이스에 맞추기 위한 것이다. 대신 라벨은 맥락을 제공한다. 즉 사용자는 12,000명 이상이 댓글을 남겼고, 593명이 해당 이미지를 구매했으며, 102,000명 이상이 그 이미지에 '좋아요'를 남겼고, 382,000명 이상이 저장했다는 사실을 볼 수 있다(스크린 리더를 통해서도 들을 수 있다). '몇 천 명 이상'을 표시하기 위해 'k+'를 사용하는 애피의 결정은 보이스의 통찰 항목에서 문장의 첫 글자만 대문자를 사용하는 원칙을 반영하는 또 다른 방법으로 볼 수 있다.

[그림 4-15]

애피의 이미지 보기 화면의 라벨은 댓글, 구매, 좋아요, 저장 횟수와 이미지의 수상 경력을 보여주고 플레이어와 챌린지를 구분한다.

애피의 라벨에서 'by'와 'for'는 각 플레이어와 챌린지를 나타내지만, 모든 언어가 전치사를 가지고 있지는 않으므로 현지화에 어려움이 있을 수 있다. 콘텐츠 제작자는 다국어화 전문가 및 디자이너와 협력해 대안을 마련해야 하며, 다른 언어를 사용하는 국가에서는 같은 의미를 담은 더 긴 단어로 표현해야 할 수도 있다. 예를 들어 'by' 대신 '아티스트'나 '플레이어'라는 라벨을 대안으로 사용해 플레이어 이름 위에 수직으로 배치할 수도 있다.

TAPP에서 탑승자가 버스 요금을 지불할 때 단계 라벨을 현지화 가능하도록 남겨둘 수 있는 공간이 있다([그림4-16]). 라벨은 다음 단계의 명칭을 나타내고, 그 단계가 진행된 후에는 선택된 내용을 보여줄 수 있다.

라벨은 전문화된 형식을 가진 설명이므로 간략하고 기술적이지만, 사용자가 읽기만 하므로 버튼과 구분된다. 한 단계 높은 전문화, 즉 컨트롤을 위한 고유의 이름과 상태를 살펴보자.

단계를
나타내는
라벨

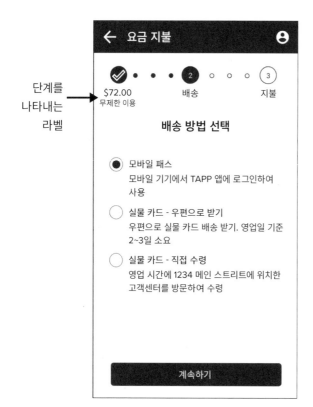

[그림 4-16]
TAPP에서 버스 요금을 지불하는 두 번째 단계. 아이콘과 라벨은 결정된 사항과 다음 단계를 알려준다.

컨트롤

목적: 사용자의 니즈에 맞출 수 있는 맞춤화^{customization} 범위와 상태를 알려준다.

컨트롤에 대해 설명하기에 앞서 우리가 사용하는 컨트롤은 예전의 전자제품이나 기계 장치에 사용된 아날로그식 다이얼, 스위치, 슬라이드 버튼, 지시 버튼의 핵심 개념과 통한다는 것을 말해두고 싶다. 물리적 스위치와 소프트웨어 스위치의 사용은 동일하다. 최상의 경우 카테고리와 라벨을 통해 사용자 정의의 가능한 범위를 명확히 보여준다.

컨트롤에 대해서는 적어도 두 가지 텍스트, 즉 이름과 상태를 고려해야 한다. 이름은 명사 또는 동사구, 그리고 경험 사용자가 알 수 있는 방식으로 컨트롤을 지정하고 설명할 수 있어야 한다. 예를 들어 컨트롤의 상태는 체크박스가 표시되어 있는지, 슬라이드 버튼의 위치가 어디인지, 온/오프 스위치가 어느 쪽으로 위치하는지를 나타낸다.

컨트롤과 짝을 이루는 UX 텍스트는 컨트롤 상태와 일치해야 한다. 체크박스에 체크가 표시되어 있으면 동의를 나타내고, 표시되지 않았으면 부정을 나타낸다. 이름이 긍정을 의미하는지 부정을 의미하는지 UX 라이터가 분명히 선택하지 않으면 그 이름은 체크박스와 함께 작동하지 않는다.

설정 상태 텍스트는 보이게 할 수 있고 보이지 않게 할 수도 있지만, 스크린 리더는 내용을 큰 소리로 읽을 것이다. 즉 체크박스를 '표시됨'이나 '표시되지 않음'으로 읽는다. 온/오프 스위치는 켜짐(on)과 꺼짐(off) 상태를 의미하지만, 다른 상반된 상태로 표시할 수도 있다. 즉 빨강/초록(적녹색약자를 위한 다른 구분도 필요), 활성화/비활성화 등이 가능하다. 슬라이드 버튼과 다이얼은 상태 텍스트를 통해 범위의 끝점을 정할 수 있고, 최대/최소를 암시하는 텍스트를 사용할 수 있다.

컨트롤을 한 목록에 정리하는 것도 좋다. 더 스터전 클럽 설정 페이지는 그룹명이 컨트롤의 맥락을 정하는 예시를 보여준다([그림 4-17]). 컨트롤을 각각 열거할 수 있다. '홈 화면에서 오늘의 이벤트 보기', '홈 화면에서 신규 메시지 보기'가 그 예이다. 이를 그룹화한다면 전체 목록을 이해하기 쉽고 읽는 부담도 줄인다. 이 평행 구조를 통해 사용자는 각 목록 아이템뿐만 아니라 모든 아이템이 다 같이 어떻게 작동하는지 쉽게 이해한다.

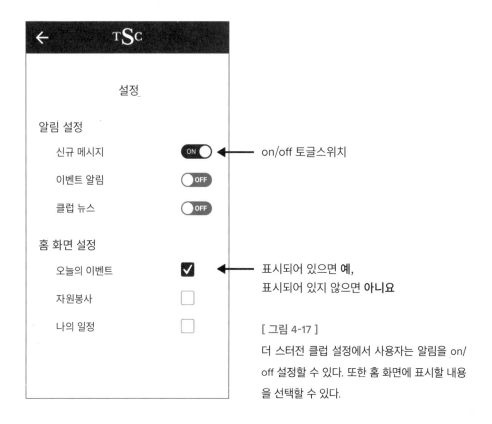

[그림 4-17]
더 스터전 클럽 설정에서 사용자는 알림을 on/off 설정할 수 있다. 또한 홈 화면에 표시할 내용을 선택할 수 있다.

컨트롤 명은 사용자가 도움이 필요할 때 어떤 경로를 선택하는지에 따를 수도 있다. 따라서 같은 페이지의 다른 항목에 나타나더라도 각 컨트롤 고유의 이름을 붙이는 것이 중요할 수 있다. 카테고리 명은 더 스터전 클럽에서 볼 수 있는 '홈 화면 설정'처럼 구로 표현할 수 있고, TAPP 설정 화면의 '계정', '알림'처럼 단어로 할 수도 있다([그림 4-18]).

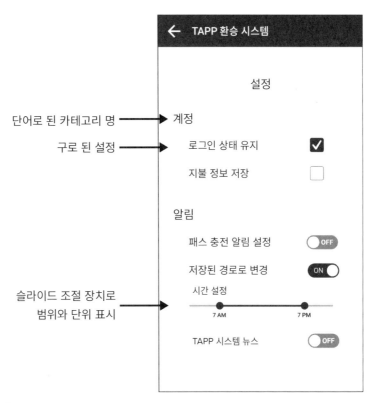

단어로 된 카테고리 명 ——▶

구로 된 설정 ——▶

슬라이드 조절 장치로
범위와 단위 표시 ——▶

[그림 4-18]

TAPP은 목록에 병렬 구성을 이용하며, 단어로 '계정'과 '알림'을 표시한다. 계정 목록의 컨트롤
명은 사용자 계정과 관련된 내용으로 이루어진다. 알림에서 각 컨트롤 명은 묘사와 관련된 내용
으로 표시된다.

컨트롤의 사용성은 사용자가 컨트롤의 목적을 인지하는지, 자신의 니즈에
맞출 수 있는 방법을 이해하는지에 따라 달라진다. 또한 사용자는 텍스트 입
력 필드에 어떤 텍스트가 들어가야 하는지, 그 텍스트가 메시지, 번호, 패스워
드 등 어떠한 용도인지 파악해야 한다. 다음으로 텍스트 필드 라벨, 힌트 텍스
트, 디폴트 텍스트를 알아보자.

텍스트 입력 필드

목적: 사용자가 정확한 정보를 입력하도록 돕는다.

형식 필드에서 UX 텍스트는 라벨이나 힌트 또는 텍스트, 이메일 주소, 번호, 날짜 및 기타 정보 입력을 위한 미리 입력된 텍스트로 이용된다.

사용자가 정확한 정보를 입력하도록 돕는 제일 좋은 방법은 올바른 정보로 텍스트 필드를 미리 입력해두는 것이다. 텍스트 필드에 미리 입력된 정보를 사용하면 사용자는 시간을 절약할 수 있고 수정도 가능하다. 하지만 이는 이미 경험에 노출된 정보가 있고, 그 정보가 정확하다는 가정하에 적용된다.

텍스트 필드를 미리 입력할 수 없다면 텍스트 필드 밖의 라벨과 텍스트 필드 내의 힌트로 사용자에게 어떤 내용을 입력해야 하는지 알릴 수 있다.

힌트 텍스트는 주의해서 다뤄야 한다. 연구에 따르면 힌트를 미리 입력된 텍스트로 해석하는 사용자도 있다. 힌트 텍스트를 제공하기로 정했다면, 라벨과 힌트가 함께 작동하여 둘 중 하나만 보여주는 것보다 더 많은 지침을 제공할 수 있다.

라벨과 힌트에 적용할 수 있는 텍스트의 종류는 다음과 같다.

- 입력할 정보의 이름
- 입력할 정보의 예시
- 정보 입력에 대한 지시형 설명
- 사용자를 위한 올바른 안내 지침

이 제안을 일관되게 사용하면 사용자가 텍스트를 제대로 입력하고 있다는 자신감을 얻는 데 도움이 된다. 하지만 일관성보다 중요한 요소는 명료성이다. 같은 화면의 UX 텍스트 패턴에 일관성이 부족하더라도 명확하다면 사용자에게 도움이 된다.

예를 들어 더 스터전 클럽의 패스워드 변경 오버레이^{overlay}는 신규 패스워드 입력 필드를 포함한다([그림 4-19]). 힌트를 통해 이 필드에 필요한 지침, 즉 "최소 8개의 숫자나 글자를 포함"을 제공할 수 있다. 같은 화면에서 나머지 두 텍스트 필드는 회원을 도울 수 있는 라벨과 힌트를 제공한다.

[그림 4-19]
더 스터전 클럽의 경우 사용자가 패스워드 변경을 원하면 먼저 현재 패스워드를 입력하고, 신규 패스워드를 입력한 후, 확인을 위해 신규 패스워드를 한 번 더 입력해야 한다. 회원이 패스워드를 성공적으로 변경할 수 있도록 디자인에 라벨과 힌트를 사용한다.

라벨 사용을 피하고 힌트 텍스트만 사용하길 원하는 팀도 있을 수 있다. 이 방법은 '단정'하고 깔끔한 디자인을 만들 수 있다. 이때 힌트 텍스트만으로 사용자가 입력해야 할 텍스트를 충분히 알릴 수 있어야 한다. 사용자가 정보를 입력하기 시작할 때 텍스트 상자에 라벨도 없으므로 이는 사용성을 극대화하는 디자인 패턴은 아니다.

예를 들어, 애피에 로그인할 때 사용자는 휴대전화 번호나 이메일 주소 및 패스워드를 입력해야 한다([그림 4-20]). 이때 힌트는 입력할 정보의 이름이다. 즉 '이메일 또는 휴대전화 번호'와 '패스워드'이다. 따라서 애피 사용자가 성공적으로 로그인하려면 일반적 패턴을 인지하고 있어야 한다.

힌트를 통해 입력할 정보를 제시

[그림 4-20]
애피 로그인 화면은 두 개의 텍스트 필드에 입력할 정보(이메일 또는 휴대전화 번호 및 패스워드)의 이름을 표시한다. 이는 사용성을 극대화하는 방법이 아니다. 사용자가 정보를 입력하기 시작할 때 입력 필드 어느 쪽에도 입력해야 할 내용을 표시하는 라벨이 없다.

TAPP의 고객센터 화면은 디폴트 텍스트 필드 입력의 예를 보여준다([그림 4-21]). TAPP은 이미 로그인한 TAPP 탑승자의 이메일 주소를 보유하고 있으므로 사용자가 이 페이지를 열었을 때 이메일 주소가 디폴트로 입력되어 있다. 사용자는 다른 이메일 주소를 입력할 수도 있겠지만 굳이 그럴 필요는 없다.

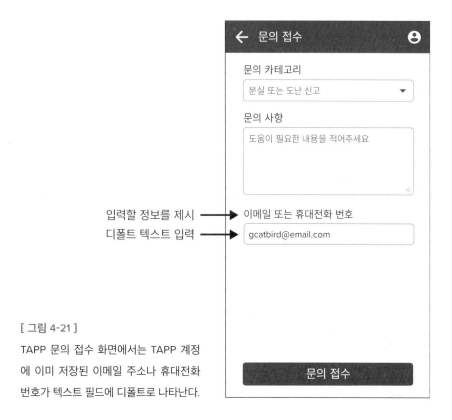

입력할 정보를 제시 ──→
디폴트 텍스트 입력 ──→

[그림 4-21]
TAPP 문의 접수 화면에서는 TAPP 계정
에 이미 저장된 이메일 주소나 휴대전화
번호가 텍스트 필드에 디폴트로 나타난다.

사용자가 텍스트 필드를 성공적으로 사용한 후 내용을 전송하고 입력 정보
를 인증하는 동안 시스템에서 일시 정지^{pause}가 발생할 수 있다. 사용자에 따
라 이 정지 상태를 부담스럽게 느낄 수 있다. 특히 신용카드 번호 같은 민감
한 정보나, 온라인 입사 지원 같은 복잡한 정보를 입력했을 때, 또는 연애 감
정을 가진 상대에게 보내는 메시지처럼 정서적으로 불안한 상태일 때가 이에
해당한다. 이 문제를 친절하고 간단하게 해결하려면 정지 상태를 사용자가 직
접 볼 수 있도록 하면 된다. 로딩 스피너^{loading spinner}*나 애니메이션이 주로 사
용되지만, 화면에 텍스트를 제공하거나 스크린 리더를 통해 전환 과정을 알릴
수도 있다.

---

*   데이터가 로딩되는 동안 로딩 중이라는 사실을 보여주는 요소—옮긴이.

전환 텍스트

목적: 동작이 이루어지고 있다는 사실을 확인해준다.

동작이 진행되는 동안 경험이 일시 정지하거나 지체되면 사용자에게 기다리는 시간이 헛되지 않다는 사실을 알리는 게 바람직하다. 고객센터 담당자가 '잠시 기다려주시면 확인해보고 알려드리겠습니다'라고 하듯, 디지털 경험은 전환 텍스트를 통해 요청이 접수되었으며 잠시 기다리면 된다는 사실을 알릴 수 있다.

전환 텍스트에서는 사용자가 추가 동작이나 탭을 하지 않아도 되는 경우가 일반적이다. 동작이 진행 중이라면 현재진행형 동사로 '업로드 중입니다'나 '전송 중입니다'로 표현한다. 로딩 스피너로 지체 시간이 아주 짧다는 사실을 알릴 수 있다.

예를 들어, 더 스터전 클럽에서 사용자가 회비 납부 방법을 업데이트하고 나면 변경이 진행 중이라는 오버레이 메시지를 보게 된다([그림 4-22]). 이 메시지를 본 사용자는 원하는 대로 절차가 진행되고 있고 잠시 후 완료된다는 확신을 얻는다. 메시지가 화면에 보이기 때문에 변경 절차가 완료되기 전에 클럽 회원이 뜻하지 않게 기존 방법으로 중복 지불하는 상황을 방지할 수도 있다.

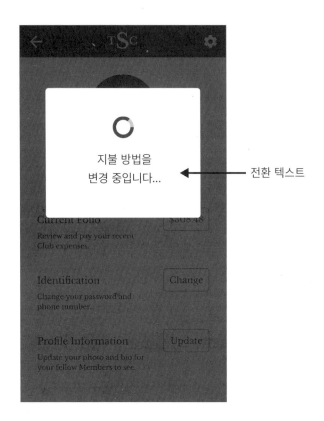

지불 방법을
변경 중입니다...

전환 텍스트

[그림 4-22]
더 스터전 클럽의 전환 텍스트는 클럽 회원이 지불 정보 변경을 위해 필요한 작업을 성공적으로
완료했다는 확신을 주고, 변경 과정이 곧 완료된다는 기대감을 전한다.

　　경험에 부합한다면 지연되는 시간을 통해 기대 심리를 올릴 수 있다. 애피
에서 사용자가 규칙에 동의하고 난 후 현재 챌린지를 검색하는 동안 잠시 시
간이 소요될 수 있다. 이때 데이터베이스의 반응 속도가 빠르더라도 플레이
어의 기대치가 올라갈 수 있도록 딜레이 시간을 늘리는 방법을 쓸 수도 있다.
[그림 4-23]의 전환 텍스트는 챌린지를 준비 중이고 "이제 되돌아갈 수 없습
니다"라는 메시지를 강조한다.

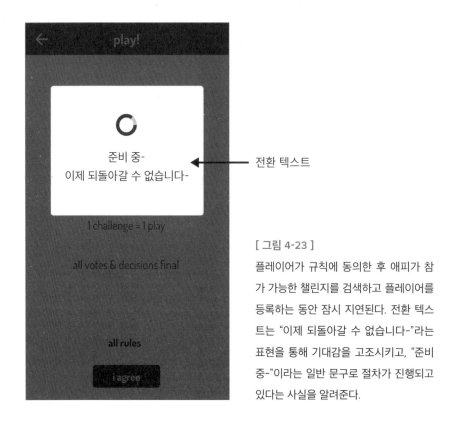

전환 텍스트

[그림 4-23]

플레이어가 규칙에 동의한 후 애피가 참가 가능한 챌린지를 검색하고 플레이어를 등록하는 동안 잠시 지연된다. 전환 텍스트는 "이제 되돌아갈 수 없습니다-"라는 표현을 통해 기대감을 고조시키고, "준비 중-"이라는 일반 문구로 절차가 진행되고 있다는 사실을 알려준다.

여러 가지 모호한 상황에서는 작업 '진행 중' 같은 포괄적인 단어도 어울리지만, 구체적인 단어로 표현하는 편이 낫다. 탑승자는 특정 경로의 '지도' 버튼을 탭하면서 해당 경로의 지도뿐만 아니라 가장 가까운 정류장과 관련된 세부 사항도 기대한다. 자세한 내용이 검색되는 동안 지연 시간이 생기더라도 사용자가 전환 텍스트의 '지도' 버튼을 누르면 TAPP은 여전히 반응한다([그림 4-24]).

전환 텍스트가 나타난 후 경험에서 일어난 변화는 그 자체로 확정을 의미한다. [그림 4-24]의 예시에서 지도가 나타나면 전환은 분명히 완료된다. 하지만 효과가 미미한 경우 확정 메시지를 제공하는 것도 좋은 아이디어가 될 수 있다.

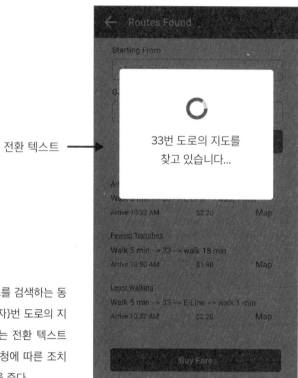

전환 텍스트 →

[그림 4-24]
TAPP이 경로 지도와 자료를 검색하는 동안 딜레이가 생길 때 "{숫자}번 도로의 지도를 찾고 있습니다..."라는 전환 텍스트가 나타나며, 사용자의 요청에 따른 조치가 진행되고 있다는 확신을 준다.

확정 메시지

목적: 사용자가 기대하는 절차나 결과가 완료되었다는 사실을 확인시킨다.

확정 메시지는 눈에 보이지 않는 절차가 완료되었다는 사실을 알려 사용자를 안심시키는 역할을 한다. 이는 동작의 결과가 지연될 때 특히 효과적이다. 확정 메시지는 사용자가 동작을 진행 중일 때 수동적으로 나타날 수도 있고, 순간적 멈춤의 형태로 순서대로 나타날 수도 있다.

영어에서 확정 메시지의 기본 패턴은 행동을 가장 잘 설명할 수 있는 과거형 동사나 동사구를 사용하는 것이다. 영어의 경우 전환(제출 중)에 현재진행형 동사를 사용하고, 확인(제출 완료)에 같은 동사의 과거시제를 사용하면 완결성을 높일 수 있다. 이와 유사하게 쓸 수 있는 동사는 전송 중(sending)/전송 완료(sent), 제거 중(removing)/제거 완료(removed), 삭제 중(deleting)/삭제 완료(deleted), 게시 중(posting)/게시 완료(posted) 등이 있다.

확정 메시지는 다른 시스템이 작동하는 동안에도 사용자가 경험을 지속할 수 있도록 한다. 예를 들어, 더 스터전 클럽은 사용자가 메시지 시스템에 텍스트를 입력하고 있을 때 '저장 중...'이라는 전환 텍스트를, 사용자가 메시지를 입력하다가 잠시 멈출 때 '임시 저장됨'이라는 확정 메시지를 제공한다([그림 4-25]). 구글 문서와 마이크로소프트 워드 온라인 버전Microsoft Word Online에서도 문서가 온라인에 실시간으로 저장될 때 유사한 메시지를 보여준다.

사용자가 입력을 잠시 멈추면 확정 메시지가 나타난다.

[그림 4-25]
더 스터전 클럽에서 사용자가 메시지를 작성하다가 잠시 멈추면 임시 저장되었다는 사실을 알려주는 "임시 저장됨" 메시지가 나타난다.

사용자의 유일한 목적이 콘텍스트와 행동이 완료되는 것이라면 확인 텍스트는 한두 단어로 표현될 수 있다. 애피에서 사용자가 이미지를 제출할 때 '입력한 내용을 제출하고 있습니다~'라는 전환 텍스트는 '제출 완료'라는 두 단어로 대체할 수 있다([그림 4-26]).

[그림 4-26]
플레이어가 애피 챌린지에 항목을 제출하고 나면, '제출 완료!' 메시지를 통해 이미지가 서비스에 안전하게 전송되었다는 사실을 확인할 수 있다.

처리 시간이 길어져서 몇 분에서 며칠까지 소요된다면 사용자에게 이러한 사실을 명확하게 전달할 필요가 있다. 그러면 조직에 추가로 발생할 수 있는 지원 및 업무 비용을 피할 수 있다. 예를 들어, TAPP 사용자가 코멘트를 남기거나 요청 사항에 대한 응답을 요구한 경우 그 처리 기간이 영업일 기준 10일까지 소요될 수 있다. 따라서 사용자가 코멘트를 남겼다면 '전송 완료'라는 확인 텍스트와 함께 예상 응답 시간에 대한 부가 정보를 전달한다([그림 4-27]).

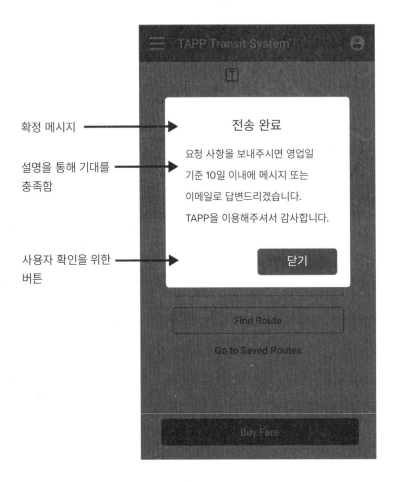

확정 메시지

설명을 통해 기대를
충족함

사용자 확인을 위한
버튼

[그림 4-27]

사용자가 TAPP에 코멘트를 남기면 요청이 전송되었으며, 영업일 기준 10일 이내 답변을 보장한다는 메시지를 곧바로 받게 된다. 일정 시간 후 메시지가 자동으로 사라지는 것이 아니라 대화 종료 버튼을 추가해 사용자의 확인을 거친다.

확정 메시지는 경험의 진행 과정에서 필수 도구이다. 하지만 사용자가 취할 수 있는 행동이 추가로 존재하거나 중대한 정보와 관련되었을 때는 특별하고 차단성 있는 알림 메시지를 통해 사용자가 적극적으로 행동할 수 있도록 한다.

알림

목적: 사용자가 경험에 반응하도록 알리거나 상기시킨다.

알림은 사용자가 관심을 기울이고 있지 않은 순간에 경험의 특정 부분에 주목하도록 유도한다. 알림은 해당 사용자에게 가치 있고 긴급한(또는 시기적절한) 정보이거나 주목해야 할 사항이다.

알림은 반드시 한눈에 그 가치와 시기적절함을 전달하고 사용자가 그 가치를 실현하기 위해 해야 할 첫 번째 행동을 포함해야 한다.

사용자는 모바일 기기의 잠금 화면에서 알림 센터나 배너를 통해 알림을 받을 수 있다. 알림은 또한 일시적이거나 영구적일 수도 있다. 모바일 기기나 데스크탑 혹은 노트북 컴퓨터에 따라 다른 컨트롤을 통해 브라우저나 브라우저 확장 상태에서 알림을 볼 수 있다. 일반적으로 UX 라이터는 경험에 알림을 표시하는 다양한 방법 중에서 선택할 수 있는데, 각기 어떻게 나타날지 반드시 고려해야 한다.

알림은 다른 타이틀이나 설명 패턴과 마찬가지로 적어도 하나 혹은 두 개의 텍스트로 구성된다. 타이틀은 사용자가 취할 행동을 명시하고 경험을 성공적으로 진행하기 위해 꼭 필요한 정보를 전달하는 경우가 많다. 설명에는 사용자에게 꼭 필요하지는 않지만 '가지고 있으면 좋은' 부가 정보도 포함된다.

예를 들어 더 스터전 클럽 회원은 신규 메시지가 있으면 알림을 받는다([그림 4-28]). 사용자는 타이틀로 "클럽 회원이 보낸"과 "신규 메시지를 확인하세요"라는 부가 정보를 받는다. 컨시어지로부터 오는 메시지는 '컨시어지가 보낸 신규 메시지를 확인하세요'로 안내될 것이다. 더 스터전 클럽은 메시지의 내용을 알림에 밝히고 싶지 않기 때문에 설명은 생략되지만, 브랜드를 강조하기 위해 "메시지의 자세한 내용은 더 스터전 클럽 보안 사항"을 포함한다.

　　정보가 있는 곳에는 언제나 유머 혹은 혼동의 가능성이 있다. 유머나 혼동은 보이스의 일부로 작용하기도 하며, 사용자의 행동을 유발할 수도 있다. 예를 들어, 애피 챌린지는 시간 기준이며 사용자가 플레이하기 전에는 내용을 알 수 없다. 하지만 애피는 플레이를 유도하기 위해 챌린지에 힌트를 남길 수 있다([그림 4-29]). 알림에 드러나는 앱 이름으로 필수 콘텍스트(상황 정보)가 제공되기 때문에 알림은 텍스트의 일부로 작용한다. 애피 보이스를 이용하면 이해하기 힘들 수 있다. "(롤리팝)과 (우주선)이지만 (캔디)는 아니라고? 뉴 챌린지!(알람시계)".

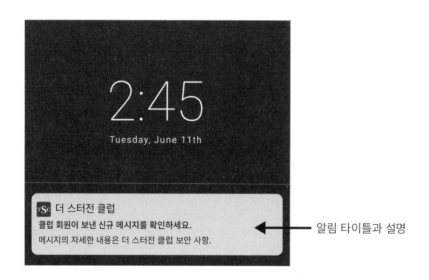

알림 타이틀과 설명

[그림 4-28]
더 스터전 클럽은 알림을 통해 동료 회원으로부터 온 신규 메시지가 있다는 사실을 알린다.

알림 타이틀과
설명

[그림 4-29]
애피에서 새로운 챌린지가 등장했을 때 플레이어의 호기심을 자극할 수 있는 알림을 발송한다.
이 예시에서는 "뉴 챌린지!"라는 주요 정보가 제시되기 전에 수수께끼를 내기 위해 알람시계 형
태의 이모지를 사용한다.

　알림이 호기심을 자극하지 않으며 흥미롭지도 않을 수 있다. 오히려 나쁜
뉴스를 전달하기도 한다. 하지만 나쁜 뉴스 역시 사용자에게 나름의 가치를
준다. 알림은 일종의 방해 요소이기 때문에 나쁜 뉴스라도 전달 시간에 민감
할 수 있고 적절한 시간에 제공되는 것이 중요하다. 예를 들어, TAPP에서 저
장된 경로를 가지고 있는 사용자에게 해당 경로에 문제가 발생하면 알림이
전송된다([그림 4-30]). 이 경우 가장 중요한 정보는 기존 경로의 우회로이다.
사용자가 그 순간 그 경로를 이용하려고 시도하면 설명을 통해 사용자가 할
수 있는 행동이 다음과 같이 제시된다. "대체 가능한 정류장을 찾으려면 탭하
세요."

알림 타이틀과
설명

[그림 4-30]
특정 경로에서 우회로를 이용해야 할 때 TAPP은 해당 경로를 저장해둔 탑승자에게 알림을 발
송한다. 알림을 통해 버스 경로와 방향을 알리고, 알림을 탭할 경우 대체 가능한 정류장 정보를
제공한다.

    알림은 경험과 사용자의 관계 유지에 도움이 되기 때문에 디지털 경험 대
부분에서 중요한 성공 변수로 작용한다. 알림이 유용하다고 해서 자칫 과도하
게 사용하면 사용자가 알림 자체를 꺼버릴 수도 있다. 알림을 계획할 때는 경
험 전체 중 일부로 활용하는 것이 좋다. UX 라이팅 팀은 사용자가 하루에 받
을 수 있는 알림의 수와 적절한 시간과 관련해 반드시 의견을 모아야 한다. 알
림을 사용자가 원하는 대로 조절할 수 있는 컨트롤을 제공한다면 실제로 알림
내용에 관심이 있는 사용자에게만 전송할 수 있다.

    많은 조직이 알림을 통해 긍정적 상호작용을 유도한다. 쇼핑 앱에서 할인
을 받거나, 게임에서 상품을 공개하거나, 친구로부터 메시지를 받을 때가 그
예이다. 하지만 알림은 브랜드에 치명적이면서도 중요한 메시지를 전달하기
도 한다. 바로 에러에 대한 알림이다.

에러

목적: 문제가 발생했다는 사실을 알리고, 사용자가 도움을 얻도록 한다.

에러는 사용자 경험 중 문제가 발생했을 때를 뜻한다. 에러 메시지는 선순환에 생긴 균열을 바로잡는 첫 번째 방법일 때가 많다(1장, [그림 1-7] 참고). 조직의 목표는 사용자가 경험을 계속 진행하도록 돕는 것이며, 에러 상황 역시이 규칙에서 벗어나지 않는다. 에러가 발생하면 텍스트를 통해 우회로를 제공할 수 있고, 사용자가 원하는 바를 이룰 수 있도록 지도를 제공할 수 있다.

에러 메시지는 경험을 사용하려는 사용자와 공감하면서 동시에 보이스를 유지한다는 면에서 경험의 가장 중요한 부분이 될 수 있다. 이를 위해 UX 라이터는 사용자가 원하는 대로 경험이 진행되도록 돕는 데 집중해야 한다. 문법적 면에서는 지시형 문장과 간략한 지시를 제공하고 에러가 발생하지 않았을 때와 같은 방식의 타이틀과 설명을 유지하는 것이 좋다.

신뢰를 지키기 위해 사용자에게 책임을 전가하는 행위는 피해야 한다. 에러가 사용자의 잘못이더라도 책임을 따지는 것은 도움이 되지 않는다. 경험이 지속되기 힘들다면 그 사실을 분명히 밝힌다. 맥락상으로 브랜드 평판을 위해 사과하는 것이 적절하다면 사용자가 느꼈을 지연, 손실, 불편, 실망에 대해 사과하는 것이 좋다.

사무직, 엔지니어, 디자이너, 라이터, IT 전문가가 직업상 사용하는 경험이라면 에러 상황에 대해 추가적인 세부 사항을 알리는 게 낫다. 호기심은 물론이거니와 그들이 가진 업무상 책임감을 해소해주어야 한다. 사용자 직원의 잘못이 아니며, 그들이 할 수 있거나 해야 할 일이 없다는 사실을 분명히 알려야한다. 자세한 사항을 전달하면 차후에 발생할 수 있는 에러를 예측하는 데도도움이 된다.

일반 사용자나 '소비자'의 경우에도 세부 사항이나 링크를 제공할 수 있다. 이는 사용자가 경험을 사용하는 데 도움이 되거나, 개인정보 보안 또는 조직에 대한 신뢰를 상승시킬 때만 추가로 제공하는 것이 좋다. 살다 보면 누구나 일반인, 엔지니어, 디자이너, IT 전문가가 될 수 있다는 사실을 기억해야 한다. 이 책에서 제공하는 예시 경험은 일반인 대상으로 제공되므로 에러 텍스트 패턴 역시 전문가 입장의 세부 정보는 포함하지 않는다.

사용자에게 얼마나 방해가 될 수 있는지를 기준으로 분류한 소프트웨어 경험의 3가지 주요 에러 목록은 다음과 같다.

- 즉시 처리 에러Inline error
- 우회 에러Detour error
- 차단 에러Blocking error

방해 요소가 가장 낮은 것은 즉시 처리 에러로, 사용자가 다음 행동을 하기 전에 수정할 기회가 제공된다. 사용자의 행동을 중단시키는 대신 매우 짧은 텍스트로 경험과 사용자가 진행 중인 대화를 명확히 전달하거나, 상기시키거나, 전한다.

예를 들어, 더 스터전 클럽에 로그인하는 회원이 10자리 수를 사용하지 않으면 에러 메시지는 사용자에게 10자리 숫자로 된 전화번호를 입력하라고 알린다([그림 4-31]). 이를 통해 클럽은 사용자의 행동이 잘못되었다고 알리지 않아도 된다. 또한 바람직한 행동을 회원에게 제시해 신속하게 회원의 목적을 만족시킬 수 있다.

경험이 지속되기 전 필드의 콘텐츠를 검증하는 경우 기술팀은 오류가 있는 콘텐츠를 '무효' 상태로 부를 수 있다. 이 같은 입력 정보는 결국 검증에 실패한 것이다. 하지만 대부분 조직은 불쾌한 단어를 꺼린다. 부정적인 표현을 반가워할 사람은 드물며 사용자가 경험을 계속하는 데 도움이 되지도 않는다. 게다가 미국에서는 '무효invalid'라는 표현은 장애인을 뜻하는 단어로 쓰일 수 있어서 차별주의자로 오해받을 수도 있다. 표현을 고민하는 UX 라이터는 표현의 전후 맥락을 염두에 두어야 한다. 사람들을 불쾌하게 만드는 표현 대신 긍정적인 표현을 쓰는 것이 좋다.

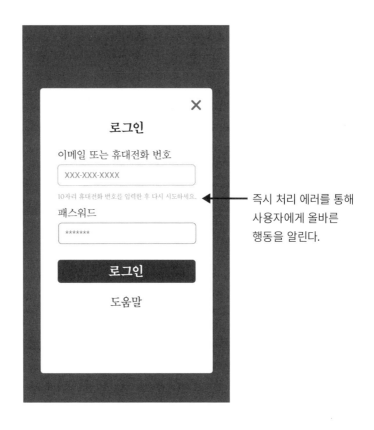

즉시 처리 에러를 통해
사용자에게 올바른
행동을 알린다.

[그림 4-31]
사용자가 더 스터전 클럽에 로그인할 때 휴대전화 번호 필드에 10자리 숫자를 입력하지 않으면
입력해야 할 내용이 표시된다.

즉각 처리할 수 없는 경험의 경우 에러 메시지를 통해 가상의 '우회로'나
'고장' 사인을 표시할 수 있다. 애초에 예상했던 방법으로 사용자가 할 수는
없지만 다른 방법이 존재한다면 이러한 에러 메시지를 보여줄 수 있다.

우회로 메시지는 가장 눈에 띄는 지점에 주된 지시사항을 담고 있어야 한
다. 실생활의 예로 도로가 공사 중일 때 우회 사인은 우회로에 대한 설명보다
더 눈에 띄어야 한다. 애피에서 지불 방법이 거절되었다면 에러 메시지는 지
시사항을 먼저 제공하고, 설명을 덧붙인 뒤 다음으로 취할 수 있는 한 가지 행
동을 제시한다([그림 4-32]). 앞서 설명한 타이틀과 버튼 패턴에 따라 버튼은

타이틀의 단어와 일치하며 설명을 읽지 않더라도 사용자는 성공적으로 경험을 계속할 수 있어야 한다.

사용자가 경험의 영역 밖에 있는 행동을 하기 전까지는 경험이 계속 진행될 수 없는 상황도 있다. (예정되었거나 예정에 없던) 정전이 발생하거나, 접속 장애(404 에러) 같은 에러라면 사용자가 해결할 수 있는 상황이 아니라는 사실을 분명히 전한다. 가능하다면 언제 혹은 어떤 조건에서 경험이 다시 진행될 수 있는지 구체적으로 알리는 것이 좋다.

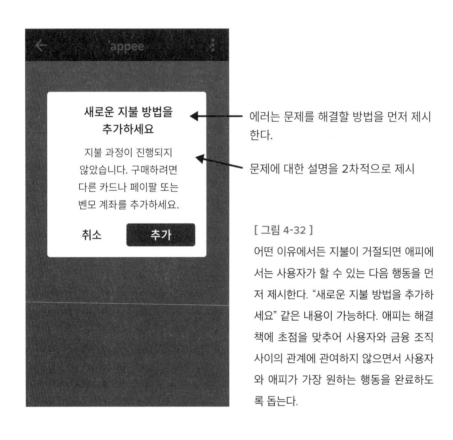

에러는 문제를 해결할 방법을 먼저 제시한다.

문제에 대한 설명을 2차적으로 제시

[그림 4-32]
어떤 이유에서든 지불이 거절되면 애피에서는 사용자가 할 수 있는 다음 행동을 먼저 제시한다. "새로운 지불 방법을 추가하세요" 같은 내용이 가능하다. 애피는 해결책에 초점을 맞추어 사용자와 금융 조직 사이의 관계에 관여하지 않으면서 사용자와 애피가 가장 원하는 행동을 완료하도록 돕는다.

동전 투입구에 붙인 풍선껌을 자판기가 뗄 수 없듯이 인터넷 연결에 의존하는 경험이 인터넷 연결 상태를 직접 해결할 수는 없다. [그림 4-33]에서 사용자가 TAPP에서 요금을 지불하거나 경로를 찾으려 할 때 기기는 인터넷에 연결되어 있어야 한다. 에러는 "인터넷에 연결하세요"라는 분명한 타이틀로 시작한다.

에러 타이틀은 설명을 제공한다.

에러 메시지를 통해 행동의 가치와 설명을 강조한다.

[그림 4-33]
와이파이가 꺼져 있다면 TAPP은 에러 메시지를 통해 와이파이 연결이 필요한 이유를 설명하고 해야 할 행동을 알려준다.

그런 다음 TAPP은 제공할 수 있는 가치(버스 요금 지불과 경로 찾기)를 설명하고 사용자가 할 행동, 즉 인터넷에 연결하기를 제시한다. 이처럼 타이틀에서 설명하고 가치를 전달한 후 필요한 행동을 다시 제시하는 방법으로 경험의 사용자를 돕는다.

요약: 시작은 패턴으로

이 장에서 다루는 UX 텍스트 패턴은 내가 마이크로소프트, 구글, 오퍼업에서 실행하고 사용했던 것으로, 업무용 혹은 여가용 사용자 경험에 관한 자체 연구 자료에 기반한 내용이다.

이 장에 등장하는 패턴은 전부 모델이므로 다른 비즈니스 모델과 마찬가지로 부합하지 않는 상황이 있을 수 있다. 이 패턴이 수백만 명에게 원활히 진행되었다고 모든 상황에서 최상의 선택이 되리라는 보장은 없다. 그래도 내가 제시한 패턴이 실용적 텍스트를 고안하는 데 지침이 될 수 있기를 바란다. 다음 순서는 경험을 위한 최상의 텍스트를 편집하는 과정이다.

5장

편집하라.
사용자는 읽으려고
경험하는 것이 아니다

> 나는 사람들이 건너뛸 만한 부분은 생략하려고 노력한다.

— 엘모어 레너드Elmore Leonard, 작가

편집은 텍스트가 목적에 맞고, 간결하며, 구어체이고, 경험 사용자에게 분명히 전달될 수 있도록 반복해 수정하는 과정이다.

맞춤법과 구두법이 물론 중요하지만, 이런 기본 사항에만 국한되지는 않는다. 오히려 텍스트에 과감하고 근본적인 변화를 시도해 조직이나 브랜드 및 사용자의 목표를 달성할 방법을 마련할 수도 있다.

화면상에 제시된 텍스트를 보면서 디자인 내에서 텍스트를 편집하는 과정은 꼭 필요하다. 텍스트가 화면에서 구분되는 다른 단위로 이동하거나 다른 식으로 행갈이가 된다면 의미가 달라 보일 수 있다. 디자인 관련 업무에 종사하는 우리로서는 중요 단어를 인지하고 폭과 길이에 주목해 번역을 거친 UX 텍스트가 더 길어질 가능성을 염두에 두고 충분한 공간을 확보해야 한다. 디자인상에서 텍스트를 편집하는 툴과 과정에 대한 더 자세한 정보는 7장에서 다루겠다.

편집은 떠오른 영감을 반영하기 위해 많은 변수를 조정할 수 있는 유연한 과정이다. 하지만 이 책은 영감을 자극하는 방법을 다루는 책이 아니므로, 이 장에서는 영감이 떠오르지 않는 상황에서도 효과를 보인 체계적 프로세스를 제시하려고 한다.

편집의 4단계

텍스트는 다음의 4가지 목표를 충족해야 한다.

- 목적성^{Purposeful}
- 간결성^{Concise}
- 대화성^{Conversational}
- 명료성^{Clear}

이 모든 요소를 한꺼번에 다룰 수도 있지만, 반복 가능한 과정을 설명하기 위해 단계별로 살펴보자. 우리는 시작할 때 우선 최근 버전의 텍스트를 가지고 시작한다. 그다음으로 텍스트가 위에 제시한 목적을 충족하는지 확인한다. 이 과정을 거치면서 UX 텍스트가 길어질 수 있다. 하지만 당황할 필요는 없다. 편집이 진행되면 텍스트가 짧아지고 다듬어질 것이다([그림 5-1]).

이제 텍스트를 간결하게 다듬는다. 그다음 구어체로 다듬어 삭막하거나 기계의 말처럼 들리지 않는지 확인한다. 마지막으로 의미가 경험 사용자에게 명료하게 전달되는지 점검한다.

편집 과정

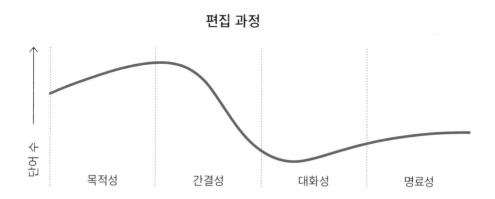

[그림 5-1]
편집 과정 곡선에서 단어 수는 초안에서 목적성 단계까지는 증가하고, 간결성 단계에서 크게 줄었다가, 대화성 및 명료성 단계에서 다시 천천히 증가한다.

목적성

다음의 예시는 정기권이 자동으로 갱신되도록 설정해둔 사용자의 신용카드가 만료되었을 때 TAPP에서 보내는 알림이다. 이 알림의 최초 텍스트는 다음의 타이틀과 설명으로 되어 있었다. "지불 방법 만료: 월 정기권이 갱신될 수 없습니다"([그림 5-2]). 이 알림은 문제를 해결하기 위해 사용자가 할 수 있는 행동을 설명하지 않으며 TAPP의 보이스와도 일치하지 않는다.

이 알림은 사용자가 할 수 있는 일을 말해주지 않고 TAPP의 보이스에도 부합하지 않는다.

[그림 5-2]
월 정기권 자동 갱신이 만료되었을 때 TAPP이 탑승자에게 보내는 알림의 초기 버전 텍스트이다.

우선 UX 텍스트가 사용자와 조직의 목적을 만족시켜야 한다는 사실을 떠올려보자. 사용자의 목적을 이해하기 위해 경험이 사용자에게 어떤 역할을 하는지 상상해볼 필요가 있다. 사용자가 월 정기권을 자동으로 구매하는 것으로 보아 해당 사용자는 버스에 정기적으로 탑승하는 사람이다. 사용자가 버스에 탑승하고 습관적으로 정기권을 스캔하는 모습을 상상해보자. 사용자는 별다른 고민 없이 버스를 이용하기 위해 정기권을 구매한다. 하지만 신용카드가 만료되고 정기권이 갱신되지 않으면 버스 요금 지불이 불가능하다. 정기권 없이 버스에 탑승한 사용자는 생각지도 못한 신용카드 만료일에 당황할 것이다. 이런!

이런 상황에서라면 사용자가 지불 방법을 갱신하고 싶으리라는 사실을 추정할 수 있다. 이때 알림이 사용자를 도울 수 있다.

또한 우리는 TAPP 조직의 목표와 그들의 메시지가 가진 잠재력을 생각해 보아야 한다. 경험의 주된 목적 중 하나는 사용자나 환승 시스템 양쪽에 편리한 방법으로 요금을 수납하는 것이다. 하지만 TAPP의 더 큰 목표는 지역사회 전체를 위한 환승 시스템을 제공하는 것이다. 더 큰 목표를 만족시키려면 근본적으로 환승에 대한 일반적 호감도를 높이고 환승이 쉽고 편리한 선택으로 인식되도록 해야 한다. TAPP은 이 정기 탑승자와의 관계가 충분하다고 생각할 수 있지만, 적절함을 넘어서는 노력을 해야 한다. TAPP으로 정기적으로 탑승하는 사람은 환승을 적극적으로 사용하는 사용자가 될 가능성이 가장 크다.

이제 우리는 이 알림이 어떤 목적을 충족해야 하는지 파악했다.

- 당황하지 않고 요금 지불
- 지불 방법 업데이트
- 긍정적 관계 강화

또한 TAPP 보이스 차트(2장, [표 2-22])에 제시된 3가지 개념(에너지 절감, 정시 도착, 누구나 탑승 가능한 이동 수단)을 염두에 둘 필요가 있다. 이 개념을 충족하지 않을 수 있지만 눈여겨보는 것이 좋다.

목표와 개념을 염두에 두고 기존 메시지의 몇 가지 대안을 만들 수 있다 ([그림 5-3]).

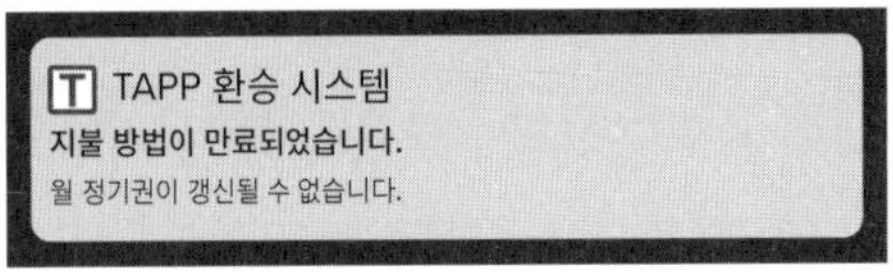

T TAPP 환승 시스템
지불 방법이 만료되었습니다.
월 정기권이 갱신될 수 없습니다.

T TAPP 환승 시스템
계속 탑승하려면 신용카드 만료일을 업데이트하세요.
버스를 놓치지 마세요! 월 정기권의 현재 상태를 유지하세요.

충족해야 할 목적:
- 당황하지 않고 요금 지불
- 지불 방법 업데이트
- 긍정적 관계 강화

T TAPP 환승 시스템
월 정기권의 지불 방법을 업데이트하세요.
버스를 놓치지 마세요! 월 정기권의 현재 상태를 유지하세요.

보이스 콘셉트:
- 에너지 절감
- 정시 도착
- 누구나 탑승 가능한 이동 수단

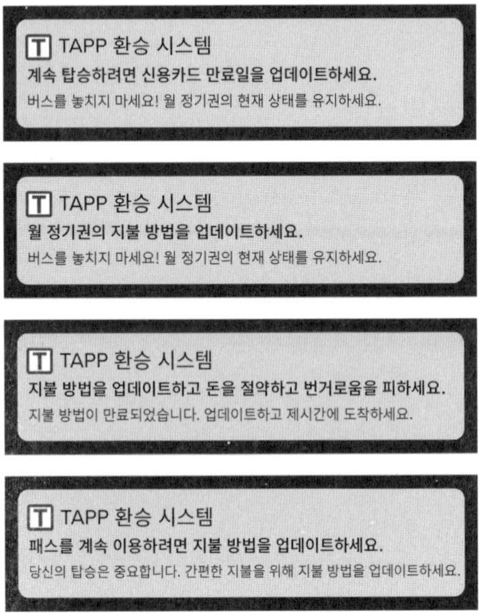

T TAPP 환승 시스템
지불 방법을 업데이트하고 돈을 절약하고 번거로움을 피하세요.
지불 방법이 만료되었습니다. 업데이트하고 제시간에 도착하세요.

T TAPP 환승 시스템
패스를 계속 이용하려면 지불 방법을 업데이트하세요.
당신의 탑승은 중요합니다. 간편한 지불을 위해 지불 방법을 업데이트하세요.

[그림 5-3]
위의 4가지 알림은 TAPP 정기권 사용자에게 월 정기권 구매에 등록된 지불 수단이 만료되었다는 사실을 전달하기 위한 것으로, 가능한 한 다양한 목적을 달성할 수 있도록 고안되었다.

옵션마다 모든 목적을 포함하지 않더라도 괜찮다. 이 알림의 목적은 사용자가 지불 방법을 갱신하도록 돕는 것이다. 이 알림의 성공을 판단하기 위해 담당 팀은 자동 지불을 이용하는 사용자를 대상으로 알림이 발송되기 전과 후의 신용카드 만료일 업데이트율을 비교할 수 있다. 부가적 목적으로는 브랜드 친밀감과 인식에 대한 장기적 효과를 들 수 있다.

이 알림을 발송하기 전에 필요한 편집 작업이 더 있다. 모든 목적을 달성하려는 까닭에 알림이 필요 이상으로 길어졌다. 예시 중에는 이해하기 어려울 만큼 지나치게 길어진 알림도 있다. 알림의 목적인 명료성을 잃었다. 다음 단계는 예시 중 최선을 선택하고 정확하게 다듬는 작업이다.

간결성

경험에서 텍스트의 양을 줄여야 하는 이유는 크게 2가지이다. 첫째, UX 텍스트를 읽으려고 경험을 접하는 사람은 없다(우리 같은 UX 라이터를 제외한다면 그렇다. 하지만 우리는 경험의 대상이 아니다). 둘째, 경험에서 텍스트에 할당된 공간의 한계이다.

사용자는 일반적으로 40자 미만의 텍스트가 3행 이하일 때 훑어보기 가장 쉽다고 여긴다. 하지만 경험이 다양한 언어로 현지화될 가능성을 고려한다면 더 많은 공간을 요구하는 언어도 있으므로 영어 텍스트 기준으로 공간의 절반이나 2/3 정도를 쓸 수 있다.

충분한 공간을 고려하지 않으면 디자인 요소가 겹치거나 화면에서 벗어날 수 있다. 또한 공간을 제대로 사용하지 않으면 중국어 같은 표어문자는 산만하고 무계획적인 빈 공간을 남길 것이다. 특히 설명 텍스트의 경우, 길거나 짧은 텍스트가 자연스럽게 어울릴 수 있는 각 언어에 적합한 디자인을 고안하기 위해 디자인 및 개발 팀이 협력해야 한다.

간결성을 위한 편집 과정은 핵심 의미만 남기고 나머지를 거르는 작업이다. 그런 다음 가장 간결하고 쉬운 텍스트를 찾는 다른 방법을 시도한다.

예시로 살펴볼 알림의 타이틀은 "정기권으로 계속 지불하려면 지불 방법을 업데이트하세요"이다. 따라서 다음과 같이 여러 가지 방법을 시도할 수 있다.

- 지시형 사용: 지불 정보를 업데이트하고 월 정기권을 구매하세요.
- 사용자가 인식하고 있는 목적으로 시작: 월 정기권을 구매하려면 지불 정보를 업데이트하세요.
- 맥락으로 시작: 월 정기권: 지불 정보 업데이트 필요.
- 정서적 동기부여로 시작: 경고: 월 정기권 구입 불가.

또한 가장 중요한 아이디어가 무엇인지 고려해야 한다. 한 문장에 3가지 이상의 아이디어가 반드시 제시되어야 한다면, 마지막 단어나 아이디어가 가장 기억에 남을 가능성이 크다. 우리 뇌의 작동 방식 때문이다. 즉 기억이나 행동에서는 가장 최근 정보가 더 중요하게 다루어진다.

문장의 첫 번째 아이디어는 두 번째로 중요하다. 문장 맨 끝에 있는 아이디어만큼 힘을 가지지 못하기 때문이다. 하지만 가장 먼저, 아마도 가장 자주 눈에 들어올 것이다. 사용자는 자신이 찾던 아이디어를 담고 있다는 신호를 보내는 단어에 가장 주목할 것이다.

알림의 예시인 [그림 5-4]는 목적성 단계 버전 1가지와 간결성을 위해 편집된 4가지 버전을 보여준다. 이전 버전을 그대로 옮겨 쓰고, 단어를 제거하거나 재배치하는 방법으로 차례로 편집본을 만들 수 있다. 같은 방법을 다음 버전에도 적용한다. 간결성에 초점을 두고 있으므로 텍스트는 점점 짧아진다.

편집 과정을 거치고 나면 텍스트는 결국 핵심 내용만 남긴다. "지불 방법을 업데이트하세요"는 매우 간략하고 긍정적이다. 필요한 행동에 초점을 맞추고 있지만 지나치게 생략되었다. 메시지를 분명히 전달하기 위해 가장 짧고 가장 축약된 문장을 선택할 필요는 없다. 텍스트의 대화성을 살리려면 약간 길어지더라도 "다음 달 전에 신용카드를 업데이트하세요"를 선택하는 것이 낫다.

목적성에 중점을 둔 텍스트 　　　　　　　간결성에 중점을 둔 편집본

| T | TAPP 환승 시스템 |
정기권으로 계속 지불하려면 지불 방법을 업데이트하세요.
당신의 탑승은 중요합니다. 계속해서 손쉽게 지불하려면 방법을 업데이트하세요.

| T | TAPP 환승 시스템 |
다음 달 정기권을 구매하려면 지불 방법을 업데이트하세요.
당신의 쉬운 탑승이 우리에게 가장 중요하지만, 신용카드가 만료되었습니다.

| T | TAPP 환승 시스템 |
다음 달 정기권을 구매하려면 신용카드를 업데이트하세요.
TAPP이 당신의 탑승을 도울 수 있도록 만료일을 업데이트하세요.

| T | TAPP 환승 시스템 |
다음 달 전에 신용카드를 업데이트하세요.
매월 정기권을 자동구매하면 탑승이 쉬워집니다.

| T | TAPP 환승 시스템 |
지불 방법을 업데이트하세요.
TAPP이 당신의 탑승을 돕습니다. 만료일을 업데이트하세요.

[그림 5-4]

TAPP 알림의 예시 중 하나를 기반으로 간결성을 더해 차례로 4가지 편집본을 만들었다.

대화성

UX 텍스트를 구어체로 만들면서 텍스트에 또 한 번 급격한 변화가 생길 수 있다. 단어를 더하고, 제거하고, 순서를 바꾸는 과정을 다시 거치면서 가장 구어적인 텍스트를 만드는 데 초점을 맞추어보자.

대화성을 다루기에 앞서, 3장에서 본 대화형이라는 주제는 보이스나 어조를 특정하지 않는다는 사실을 떠올리자. 대화성은 사용자가 단어와 상호작용 중이라는 사실을 인지할 수 있다는 뜻이다. 즉 사용자는 경험과 대화 중인 것이다. 따라서 예상 외의 텍스트가 갑작스럽게 등장하면 사용자와의 상호작용이 힘들어진다.

[그림 5-5]는 같은 말을 다르게 표현하는 방법을 단계별로 보여준다.

간결성에 중점을 둔 텍스트	대화성에 중점을 둔 편집본

> **T** TAPP 환승 시스템
> 다음 달 전에 신용카드를 업데이트하세요.
> 매월 정기권을 자동구매하면 탑승이 쉬워집니다.

> **T** TAPP 환승 시스템
> 다음 달 전에 신용카드를 업데이트하세요.
> 신용카드 만료일을 업데이트하고 편리하게 탑승하세요.

> **T** TAPP 환승 시스템
> 신용카드 만료일을 업데이트하세요.
> 다음 달에도 쉽게 탑승하려면 이번 달에 신용카드를 업데이트하세요.

> **T** TAPP 환승 시스템
> 신용카드 만료일을 업데이트하세요.
> 다음 달 전에 신용카드를 업데이트하고 쉽게 탑승하세요.

[그림 5-5]

TAPP 알림의 기존 텍스트를 토대로 구어체를 살릴 수 있는 3가지 대안을 제안해보았다.

이제 여러 가지 대안을 가진 우리에게 가장 도움이 될 편집 도구는 인간의 보이스이다. 경험과 인간이 '대화'하는 상황을 가정하고 타이틀과 설명을 읽는다. 그다음에 사람이 경험에 반응하듯 버튼, 옵션, 링크 및 다른 입력 필드를 읽는다. 비슷하게 들리는 문구가 있다면 크게 소리 내 읽어보자. 화면 타이틀이 있고 제목과 텍스트가 있다면 다 같이 읽는다.

이 방법은 예시 텍스트와 눈으로 볼 수 없는 텍스트가 스크린 리더로 어떻게 들릴지 생각해볼 좋은 기회이다. 버튼에 나타날 텍스트는 "요금을 지불하세요"이지만, 스크린 리더는 "버튼: 요금을 지불하세요"로 읽을 것이다.

버튼, 링크 및 다른 입력 장치에 나타나는 단어는 사용자가 경험에 대해 할 수 있는 적절한 반응으로 느껴져야 한다. 타이틀, 설명, 제목의 단어는 경험이 사용자에게 하는 적절한 표현처럼 느껴져야 한다. 세계적 조직의 리더가 사용자에게 하는 말이나 〈뉴욕타임스〉에 실릴 표현이라면 사용자를 당황스럽게 만들면 안 된다.

명료성

편집을 끝내기 전에 텍스트의 명료성을 확인해야 한다. 이 단계는 목적을 되새기고, 사용자가 어디에 있으며, 무엇을 하고 있고, 왜 UX 텍스트를 보고 있는지에 대해 재해석할 좋은 기회이다. 팀원과 함께 복잡한 화면과 사용자 흐름과 관련해 텍스트를 확인하는 것은 물론 사용자 연구원과 파트너가 되어 사용자의 피드백을 얻을 훌륭한 기회이다.

명료성에 가장 알맞은 표현은 경험 사용자가 생각할 필요조차 없이 즉각 이해할 표현일 것이다. 일반적으로 전문화된 경험일수록 분야에 특화된 전문 용어를 더 많이 사용할 수밖에 없다. 하지만 심지어 핵물리학자도 일상에서는 평범한 단어를 사용하는 '보통 사람'이다. 요약하자면 전문가라도 일반 용어가 가장 이해하기 쉽다.

일반 용어에는 종종 관용구나 비유가 포함된다. 관용구나 비유는 우리의 자연언어를 어지럽히기 때문에 해당 언어에 유창한 사람만 이해할 수 있다. 관용구는 어떤 언어와 문화에서는 최고의 선택일 수 있지만, 다른 언어에서는 번역되기 힘들거나 불쾌감을 유발할 수 있다.

관용구나 비유를 사용한 텍스트를 제안할 때 다른 언어로 번역될 수 있도록 더 평범한 대안을 제시하는 것이 좋다. 현지화 시스템에 따라 평범한 대안은 코드에 '언어 0'으로 포함될 수도 있고 코드 주석(comment)으로 입력될 수도 있다.

자연스러운 번역은 다른 방향으로도 효과적일 수 있다. 번역가가 적합하다고 말하는 '은유'가 있다면 번역가를 믿어야 한다! 번역 언어에 알맞은 평범한 대안을 선택하고 자연스러운 비유를 사용하는 것이 좋다.

이제 TAPP 알림 예시에서 팀에 제안할 수 있는 최선의 옵션을 선택해야 한다. 나는 모든 UX 텍스트에 여러 좋은 대안을 제안하려고 노력한다. 대안을 서로 비교하고 어느 텍스트가 가장 효과적인지 테스트할 수 있다면 가장 좋다. 적어도 팀원에게 보여주면 그 텍스트를 다목적 도구로 활용할 수 있다.

나는 팀을 위해 내가 가장 효과적이라고 생각하는 순서대로 가장 나은 대안을 제시하고, 차이점을 자세히 비교해서 제시한다([그림 5-6]). 이 대안들은 과정의 마지막에 도출된 텍스트가 아니라는 사실에 주목해야 한다. 보석 같은 텍스트는 편집의 초기 단계에서 나오기도 한다. 더 열심히 일한다고 항상 더 창의적인 결과가 나오는 것은 아니다. 최선의 대안을 사용하지 않는다면 어리석은 짓이다.

T TAPP 환승 시스템 **지불 방법이 만료되었습니다.** 정기권이 갱신되지 않았습니다.	초안: 문제점을 서술한다.
T TAPP 환승 시스템 **신용카드 만료일을 업데이트하세요.** 다음 달 전에 카드를 업데이트하고 편리하게 탑승하세요.	선택 1: 행동, 구체화, 일정
T TAPP 환승 시스템 **다음 달 전에 신용카드를 업데이트하세요.** 신용카드 만료일을 업데이트하고 계속해서 편리하게 탑승하세요.	선택 2: 행동, 일정, 구체화
T TAPP 환승 시스템 **다음 달 정기권을 구매하려면 신용카드를 업데이트하세요.** TAPP이 당신의 편리한 탑승을 도울 수 있도록 카드 만료일을 업데이트하세요.	선택 3: 다음 달 정기권 구매에 집중, 행동, 구체화(일정 없음)

[그림 5-6]
내가 팀에 공유한 최종 텍스트 대안의 목록이다. 각 대안의 차이점을 자세히 설명하고 가장 추천하고 싶은 순서대로 배열했다.

편집이 더 필요하면 7장의 '콘텐츠 리뷰 관리'(174페이지)에서 다룬 대로 콘텐츠 리뷰 문서를 만들 수 있는 가장 나은 대안을 사용할 것이다.

요약: UX 텍스트는 사용자의 행동을 돕기 위해 존재한다

어떤 원본이든 UX 텍스트는 편집을 통해 사용자가 목표를 향해 움직이고, 브랜드와 긍정적 관계를 세울 수 있도록 돕고, 조직을 법적 책임으로부터 보호하는 역할을 한 후 사용자의 기억에서 사라질 것이다. 이 모든 과정에서 사용자는 텍스트를 읽고 있다는 느낌을 받지 않아야 한다. 그 효과를 평가하는 방법이 다음 장의 주제이다.

6장

UX 콘텐츠의
유효성 평가하기

> **측정할 수 없다면 개선할 수도 없다.**
>
> ― 피터 드러커Peter Drucker, 경영학자

나는 지나치게 복잡하거나 길고 반복적인 UX 텍스트로 구성된 화면을 보면 프로덕트 오너에게 변경을 제안한다.

"이 방법이 효과적일지 어떻게 알 수 있습니까?" 프로덕트 오너는 묻는다. 팀원들이 지금까지 투자한 시간과 현지화 비용이 아깝기 때문이다. 자원에 대한 투자를 요청하기 위해 나는 정확한 논거를 제시해야 한다.

"성공을 어떻게 측정하고 계십니까?" 내가 묻는다.

프로덕트 오너의 설명을 듣는다. 또는 측정 방법이 존재하지 않는 이유에 대한 변명을 듣는다.

결국 프로덕트 오너는 "우리에게는 이 업무를 담당할 사람이 더 필요합니다"라고 말한다. 그 업무를 시작도 하지 못한 경우, 끝내지 못한 경우, 또는 이제 파악하기 시작한 예도 있다. 나는 담당자가 왜 지금의 UX 텍스트를 가지고 계속 업무를 진행하지 못하고 좌절감을 느끼는지 설명한다. 그리고 내가 제안하는 변경 사항이 얼마나 상황을 개선할 수 있는지 보여준다.

나는 덧붙인다. "이 변화가 여러분의 측정 방법을 개선할 수 있다고 자신합니다".

이 대화는 내가 근무했던 회사 중 다섯 개 이상의 팀에서 나눴던 수백 회이상의 대화를 요약한 것이다. 우리는 먼저 원칙에 합의하고, 개발 일정 내에서 이 작업 항목을 더할 시기와 상황을 파악한다. 나는 도움이 될 뿐만 아니라 업무 기록으로 남길 수 있도록 기술팀을 위한 작업 항목을 공개할 것을 제안한다.

UX 라이터의 역할은 최적화된 UX 콘텐츠로 경험을 향상하는 것이다. 우리가 측정한 결과에서 UX 라이팅이 만들어내는 발전을 평가함으로써 UX 라이팅에 대한 투자 가치를 보여줄 수 있다.

하지만 그 가치는 UX 콘텐츠가 벌어들이거나 절약할 수 있는 단순한 금액을 넘어서는 개념이다. 효과 있는 것, 효과 없는 것을 평가함으로써 어떤 UX 콘텐츠가 이 직원들과 이 경험에 효과적일지에 대해 더 많이 배울 수 있다.

경험에 대한 전반적 평가는 일간 사용자 수$^{\text{Daily Active Users, DAU}}$처럼 전체 그림을 보여주지 않는다. 예를 들어, DAU로는 경험이 마음에 들지 않아서 사용을 중단한 사용자와 경험이 더는 필요하지 않아서 사용을 중단한 사용자를 구분할 수 없다. 인터뷰나 설문조사 같은 UX 연구 방법을 이용하면 사용자의 행동 이유를 더 잘 이해할 수 있다.

직접적 측정치나 경험 사용자에 관한 새로운 연구가 없더라도 UX 라이터는 다양한 기존 사용성 조사를 이용할 수 있다. 비주얼 디자인$^{\text{visual design}}$과 인터랙션 디자인$^{\text{interaction design}}$에 적용되는 사용성 원칙은 UX 콘텐츠에 대한 고려사항을 포함한다. UX 콘텐츠를 평가하기 위해 이미 정의해둔 보이스를 활용할 수도 있다. 이러한 휴리스틱과의 비교를 통해 개선 방안의 기초를 닦을 수 있다.

6장에서는 경험에서 사용자 행동을 직접 측정하는 다양한 방법을 살펴본다. 또한 UX 라이터가 사용자 행동의 배경을 이해하도록 돕고, 사용자의 견해, 피드백, 질문, 이해할 만한 표현을 끌어내는 UX 연구 방법 전반을 간략히 살펴본다. 마지막으로 UX 콘텐츠를 '채점'하기 위해 보이스와 사용성에 대한 휴리스틱을 어떻게 사용하는지 알아본다.

UX 콘텐츠의 직접적 평가

각 조직은 성공을 측정할 수 있는 다양한 방법을 보유하고 있다. 그 측정치를 조직이 제공하는 경험에 연관시키는 방법은 매우 다양하다. 측정치와 경험의 관계는 대부분 이 책에서 다룰 영역을 벗어나지만 우리는 애피를 예로 들고자 한다.

애피는 3가지 방법으로 수익을 창출한다.

- 사용자가 이미지를 검색할 때 광고를 보여준다.
- 업로드 이미지와 그에 대한 사용자 반응과 관련된 머신러닝 결과를 다른 기업체에 판매한다.
- 사용자가 업로드한 이미지를 실은 제품을 사용자에게 판매한다.

수익 창출을 위해 애피는 다음과 같은 주요 행동을 최적화하길 원한다.

- 게임을 플레이(하고 이미지를 업로드한다)
  사용자가 플레이하지 않으면 물품을 판매할 수 없고, 보여줄 이미지가 없게 되고, 머신러닝을 가능하게 하는 충분한 이미지가 제공될 수 없다. 이미지 업로드는 애피가 수익을 창출하는 3가지 방법에 모두 필요한 사항이다.

- 이미지를 검색(하고 광고를 접한다)
  사용자가 검색하지 않으면 애피는 광고 네트워크로부터 광고 수익을 얻을 수 없다.

- 이미지에 대한 반응(좋아요, 차단, 댓글 포함)
  사용자가 이미지에 반응해야 애피를 통한 머신러닝이 이루어져 다른 회사에 판매하는 데이터의 가치가 상승한다.

- **업로드 이미지를 활용한 물품 판매**

  이 부분에서는 운영비가 발생하므로 애피의 수익률이 가장 낮은 항목이다.

사용자가 위의 행동을 하지 않으면 애피의 비즈니스는 실패한다. 따라서 경험은 반드시 사용성이 있고, 사용자와 관계를 맺으며, 매력적이어야 하고, 특히 떠오르는 경쟁 업체보다 매력적이어야 한다.

애피가 이 행동을 평가하고 UX에 변화를 준다면 UX에 생긴 변화가 행동에 영향을 주는지 알아낼 수 있다. 기존 경험과 비교해서 UX에 생긴 변화가 일으키는 효과를 이해하는 가장 좋은 방법은 A/B 테스트A/B testing(웹이나 앱에서 A 버전과 B 버전을 무작위로 유저들에게 보여주고 어느 것이 나은지 실험하는 테스트—옮긴이)이다.

A/B 테스트는 다음과 같다. 조직이 원하는 행동을 더 많이 하는지 테스트하기 위해 경험의 표본 사용자(A 그룹)에게 변경 사항을 제시한다. 두 번째 표본 사용자(B 그룹)들은 대조군이다. 실험이 시작되면 준비된 변경 사항을 A 그룹에 공개하고 B 그룹에는 공개하지 않는다. A 그룹의 행동이 B 그룹과 비교했을 때 의미 있는 결과를 보인다면 경험은 A 그룹에 실행했던 내용으로 변경한다.

그룹 A와 B는 매우 비슷하고 충분한 인원으로 구성되어야 그 결과가 통계적 유의성을 가진다. 테스트 디자인은 이 같은 샘플에 대한 기준뿐만 아니라 충분한 실험 시간, 평가할 행동, 실험 그룹 간 유의미한 최소한의 행동 차이를 포함해야 한다.

이때 고려할 사항은 A/B 테스트가 항상 가능하거나 적절하지는 않다는 점이다. 즉 경험은 다른 버전으로 다른 사용자에게 적용하고 해당 그룹을 별도로 평가할 수 있는 환경을 만들 수 있어야 한다. 또한 실험을 실행하고 의미 있는 결과를 얻으려면 상당한 시간이 걸릴 수도 있다. 새로운 경험(이나 기존 경험의 새로운 특징)의 도입 초기에는 A/B 테스트에서 차이를 발견할 만큼 충분한 사용자를 확보하지 못할 수도 있다.

A/B 테스트가 가능하고 적절하다면 A/B 테스트의 지표가 될 만한 일반적 행동이 있다. 이번 단계에서 경험을 평가할 수 있는 6가지 방법은 다음과 같다.

- 온보딩
- 참여
- 완료
- 유지
- 소개
- 비용

| 온보딩

온보딩 단계는 경험을 처음 접하는 사용자가 핵심 행동을 하나씩 수행하는 데 평균적으로 걸리는 시간을 본다. 시간을 측정하기 위해 애피는 다음 행동에 걸리는 시간과 날짜를 기록한다.

- 한 사용자가 처음으로 이메일, 전화번호 또는 패스워드를 제공한다.
- 메인 화면을 처음으로 스크롤 다운한다.
- 처음으로 '좋아요' 하거나, 댓글을 남기거나, 차단하거나, 업로드한다.
- 처음으로 물품을 구매한다.

애피는 위와 같은 신호를 통해 원하는 방향으로 새로운 사용자가 행동을 시작하는 데 평균적으로 얼마나 걸리는지 추정할 수 있다. 이것이 각 행동에 대한 기준 온보딩 단계이며, 얼마나 빨리 새로운 플레이어가 애피에게 가치를 제공하고, 애피 역시 플레이어에게 가치를 제공하는지에 대한 구체적 지표이다. 앱 접속 초기 몇 초간 경험이 사용자에게 제공하는 정보는 행동에 큰 영향을 준다. 담당 팀은 초기 경험의 온보딩 단계를 평가하면서 UX 텍스트의 옵션을 두고 A/B 테스트를 해볼 수 있다.

| 참여

참여 항목에서는 경험에서 특정 시간 동안 얼마나 많은 사용자가 활동 중인지 측정한다. 여기서 핵심은 조직에 유용한 면에서 '활동 중'을 어떻게 정의하는가이다. 광고에 의존하는 많은 경험에서는 '앱을 여는 행위'로 활동을 판단한다. 이 활동은 경험의 DAU와 월간 사용자 수인 MAU로 발표된다.

애피는 사용자가 경험에서 하는 행동(구매, 훑어보기, 업로드, 이미지에 반응)에 대한 신호를 받을 수 있는 기술을 보유해야 한다. 이는 사용자가 경험에 반복해서 돌아온다는 사실을 보여주는 주요 행동에 대한 실행 가능성을 표시한다. 애피가 '앱을 열고 3개 이상의 이미지를 훑어보는 행위'를 활동 중으로 보고 사용자 120만 명의 DAU를 보고한다고 가정해보자.

담당 팀이 UX 콘텐츠를 업데이트할 때, 참여 항목에 대해 업데이트 내용이 긍정적(혹은 적어도 중립적)인지 아닌지를 확인하기 위해 A/B 테스트를 거칠 수 있다. '단어가 많아질수록 참여가 줄어든다'라는 근거 없는 강한 믿음을 가진 소프트웨어 개발자들도 있다. 오히려 UX 텍스트, 경험에서 사용자가 소비하는 콘텐츠(애피의 경우 게임 테마와 업로드 이미지), 하우투 콘텐츠의 특성 같은 UX 콘텐츠에 올바른 변화를 준다면 참여를 개선시킨다는 사실을 개발자들이 알아야 한다.

| 완료

완료는 사용자가 참여할 뿐 아니라 주요 행동을 마칠 때를 말한다. 어떤 주요 행동의 경우 완료가 참여와 같은 개념일 때도 있다. 예를 들어 이미지 훑어보기, 좋아요, 저장하기에는 별도의 '완료' 개념이 없다. 하지만 사용자가 댓글을 남겼다가 취소하는 것처럼 좀 더 복잡한 행동을 시작하는 경우는 완료하지 않은 참여로 볼 수 있다.

완료를 파악하기 위한 다른 방법은 그 반대의 경우인 '포기'를 보는 것이다. 애피 사용자가 물품 구매를 시도하다가 장바구니를 다시 찾지 않는다면 애피가 기회를 최대한 활용하지 못하고 있다는 뜻이다. 이와 유사하게 사용자가 이미지 업로드를 시작했지만, 게시하지 않고 취소한다면 애피는 해당 이미지로부터 얻을 기회를 잃은 것이다.

경험에 완료를 증가시키는 변화가 일어나면 그 경험은 경영 성과를 향상한 것으로 볼 수 있다. 경험에 일어난 변화가 UX 텍스트의 변화라면 경영 성과의 향상을 불러온 것도 바로 UX 텍스트의 변화이다.

| 유지

참여가 '일간 사용자'로 요약된다면 유지는 '사용자별 날짜 수'로 요약될 수 있다. 애피를 포함해서 경험을 만드는 대부분 조직은 사용자가 반복해서 경험을 찾길 원한다. 유지를 측정하는 방법이 '플레이어가 매일 평균적으로 애피를 방문하는 횟수'이든 '사용자가 애피를 연속으로 이용하는 날짜'이든 간에 유지는 사용자가 경험에 대해 가지는 지속적 관심의 지표가 될 수 있다. 또한 유지는 경험에 대해 사용자가 어떻게 느끼는지를 보여주는 브랜드에 대한 친밀감의 지표이기도 하다.

경험 전반에 걸쳐 UX 텍스트에 변화가 생기면 사용성과 보이스에 나타나는 미묘한 영향은 유지에 놀라운 효과를 준다. UX 텍스트가 보이스를 반영하면 경쟁 업체와 경험의 차별화 요소로 사용되며 유지를 향상할 수 있기 때문이다. 변화 자체는 인지도 강화와 마케팅에 사용될 수 있다. 블로그 게시물과 기사로 경험이 사용자에게 초점을 맞추고 있다는 사실을 강조할 수 있다.

보이스의 변화와 별도로, 사용자가 경험 사용이 어렵다고 느낀다면 꼭 필요할 때만 사용하게 될 것이다. UX 담당자가 UX 콘텐츠의 사용성을 향상하는 변화를 주고, 사용자가 다른 경험보다 선호하기 시작한다면 유지에 미치는 효과를 평가할 수 있다.

| 소개

소개는 사용자가 사용하는 경험을 다른 사람에게 추천할 때 일어난다. 애피에서 사용자가 앱의 이미지를 페이스북이나 트위터에 공유할 때 간접적 소개가 이루어진다. 애피는 '친구 초대하기' 홍보 활동이나 배지 등을 통해 경험에 방문하는 사람의 숫자를 늘리고 앱에서 제공하는 주요 행동에 참여하도록 하는 직접 소개의 기회를 제공한다.

UX 콘텐츠가 업데이트되면서 기능성, 사용성 혹은 브랜드에 긍정적 영향을 주면 사용자는 경험을 좋아할 거라고 생각되는 친구나 가족에게 새로워진 내용을 공유할 수 있다. 특히 사용자가 친구나 가족을 떠올리도록 한 변화가 일어났을 때의 소개 비율을 눈여겨보고 소개받은 이들이 경험에 연결될 수 있는 새로운 방법을 제공해야 한다.

| 비용 감소

조직의 긍정적 수치의 증가와 관련된 평가치와는 별도로 조직 운영 시 축소해야 할 실질적 비용이 있다. 예를 들어, 애피에는 이미지로 장식된 물품 배송, 사용자의 경험 사용을 돕는 활동, 규칙을 준수하지 않는 댓글과 이미지 및 설명을 관리하는 활동과 관련된 지원 비용이 발생한다. 경험에 일어난 변화로 이해도가 상승하고, 규정 위반자가 줄며, 배송 오류를 줄인다면 조직은 비용을 줄일 수 있다.

A/B 테스트 외에도 경험을 만들고 업데이트하는 데는 관련 비용이 소요된다. 개발, 디자인 및 의사 결정에 드는 시간에 따라 담당자에게 임금을 지급해야 하기 때문이다. 디자인과 개발 및 의사 결정의 속도를 높일 수 있도록 효율성이 향상되고 팀원 간 신뢰가 커진다면 조직은 시간과 에너지를 절약하고 다른 우수한 아이디어에 역량을 쏟을 수 있다. 담당 팀이 처음부터 더 나은 UX 콘텐츠를 선택할 수 있도록 하는 체계를 도입하고 현지화에 드는 비용을 최소화하면 조직은 시간과 돈을 절약할 수 있다. 전체적으로 비용이 덜 드는 것은

아닐지라도 조직은 보유 자원을 활용해 개발에 더 많은 역량을 쏟을 수 있게 된다.

게다가 A/B 테스트는 한 텍스트가 다른 것보다 왜 효율적인지 설명할 수 없다. UX 라이터는 직접적 측정이 가능해지는 전 단계에서도 UX 연구를 도입, 실행하고 경험 디자인의 효과를 예측할 수 있는 휴리스틱을 적용해 UX 텍스트의 우수성을 예측할 수 있어야 한다.

UX 콘텐츠 연구

UX 라이터는 자신이 상대하고 있는 대상, 즉 경험을 사용했거나, 사용할 수 있거나, 사용하고 있는 사람들을 알아야 한다. 왜 그들이 그 자리에 있고, 무엇을 원하며, 자신의 행동에 대해 어떻게 생각하는지, 경험의 성공이 그들에게 무엇을 의미하는지 파악해야 한다. UX 연구를 통해 UX 라이터는 경험을 남과 다르게 해석하는 팀원에게 배울 기회를 얻는다.

UX 연구를 진행하는 동안 UX 라이터는 사람들이 실제로 사용하는 단어에 특히 주목해야 한다. 자신의 의사나 경험 일부를 표현하기 위해 사용하는 단어들은 사용자의 두뇌에 이미 자리 잡고 있다. 또한 사용자가 크게 노력하지 않고 쓰는 단어이기 때문에 읽고 있다는 인식 없이 쉽게 훑어 내려갈 수 있는 표현이다.

UX 콘텐츠에 유용한 연구 방법은 다음 사항을 포함한다.

- 리뷰, 질문, 코멘트에 대한 분석
- 1:1 및 소그룹 인터뷰
- 카드 분류 같은 공동 디자인 연습
- 사용성 테스트
- 조사

당신이 속한 UX 팀에 이 같은 연구를 담당하고, 팀의 연구를 도울 수 있는 UX 연구원이 포함되어 있다면 아주 좋은 조건이다. 만약 전담 연구 인력이 없더라도 UX 라이터의 연구만으로도 충분히 소득을 얻을 수 있다.

| 리뷰, 질문, 코멘트

연구 조사를 시작하기에 가장 용이한 자료는 사용자가 제공하는 피드백이다. 앱 스토어 리뷰, 고객지원 팀을 대상으로 한 질문 자료 혹은 기존 베타 프로그램에 대한 피드백 중 어느 것이든 가능하다. 예를 들어, 애피의 연구 조사 팀은 플레이어가 남긴 리뷰와 별점, SNS의 언급 사례, 언론 보도자료나 SNS에 남긴 견해 등을 활용할 수 있다.

자료 중에서도 사용자가 열정을 쏟는 대상에 주목한다. 이는 사용자에게 의미 있는 아이디어, 기능 및 표현이기 때문이다. 이를 기반으로 경험이 더 강화될 수 있다. 다음으로, 사용자의 견해, 리뷰, 질문 중에서 무엇을 어떻게 해야 할지 몰라 혼란과 좌절을 느꼈다는 내용을 모으고 분류한다. 새로운 기능에 관한 내용은 따로 분류한다. 이 같은 사용성 문제가 있을 때 UX 콘텐츠를 바로잡아 사용자를 도울 기회로 활용할 수 있다. 마지막으로, 브랜드에 대한 실망을 나타낸 자료는 보이스를 향상하고 기대감을 높일 기회로 활용할 수 있다.

| 인터뷰

기존 피드백에 대한 분석 외에도 가장 기본적이며 능동적인 연구 조사는 경험의 대상이 될 사용자를 인터뷰하는 것이다. 온라인 광고를 게재하거나, 도서관에 포스터를 게시하거나, 지역 내 쇼핑센터에서 말을 거는 방법으로 경험의 대상이 될 사용자를 찾을 수 있다. 중요한 점은 조직이 관심을 끌고자 하는 사용자를 제대로 대변하는 사람을 찾는 것이다.

애피 같은 조직은 인스타그램 사용자에게 접근하거나 미술품 재료상의 게시판에 공지함으로써 대화를 시작할 수 있을 것이다. TAPP은 버스 정류장이나 커뮤니티 센터, 도서관, 버스 내부를 활용할 수 있다. 더 스터전 클럽이라면 회원들이 의견을 공유할 수 있도록 안내 데스크에 메시지를 게시하는 방법을 이용할 수 있다.

담당 팀이 부족하다고 생각하는 관점을 대변할 수 있는 연구 조사 참여자를 모집하는 것이 좋다. 예를 들어, 애피는 24세에서 38세까지의 개발팀 직원들과 비슷한 연령대의 그룹뿐만 아니라, 10대나 그보다 연령층이 높은 저명한 예술가들의 관심도 얻고 싶다. 또 다른 예로, 더 스터전 클럽은 모바일 기기나 컴퓨터 사용이 자유롭지 않은 회원도 포용하길 원한다. TAPP은 모바일 데이터에 접근하기 힘들거나, 움직임이 자유롭지 못하거나, 시력이 낮은 사용자, 온라인 뱅킹에 접근하기 힘든 사용자가 새로운 온라인 지불 시스템 적용 때문에 소외되지 않길 원한다.

연구 조사 참여자를 모집할 때 당신이 속한 조직의 정보공개정책disclosure policy 준수가 중요하다. 따라서 참여자로부터 기밀 유지 협약NDA 동의를 받는 것도 고려해야 할 사항이다. 경험을 사용하길 원하는 대상을 제대로 대변할 표본 집단을 계획하고 모집할 수 있도록 전문 연구 조사자(혹은 연구 조사 모집 전문가)와 협력하는 것이 좋다.

참여자를 모집한 후 참여자에 대한 사항뿐만 아니라 참여자와 경험과의 관계에 대해 인터뷰를 진행할 수 있다. 먼저 참여자와 친밀한 관계를 형성하고 조직이 원하는 부분을 정한다. 참여자가 말하는 방식과 표현을 귀 기울여 듣는다. 이들은 UX 라이터에게 금광과 같은 존재들이기 때문이다. 경험과 사용자 사이에 오갈 대화를 디자인하기 위해서는 사용자가 이해할 수 있는 표현을 써야 한다. 사용자는 경험에서 자신에게 가장 가치 있는 특정 부분에 대한 기대뿐만 아니라 두려움이나 걱정도 털어놓을 것이다. 인터뷰를 통해 사용자가 원하고 필요로 하는 점이나 경험에서 바라는 점에 대해 배울 수 있다.

특별한 유형의 인터뷰로 사용성 테스트를 예로 들 수 있다. 즉 고안된 경험 전반에 대해 질문하고, 그들의 행동과 경험에서 나오는 반응에 주목하며, 그 결과를 주제로 토론하는 것이다. 사용성 테스트는 풍부한 주제를 다루며 UX 콘텐츠를 알리기 위한 유용성과는 거리가 있다. 또한 이 책이 다루고 있는 범위를 벗어난다. UX 라이터에게 사용성 테스트는 구체적 인터뷰 형식으로, 고안된 UX 콘텐츠에 대한 직접적 피드백을 얻고, 그 맥락에서 사용자가 쓰는 언어를 받아들이고 가공한다.

편견을 일으키지 않고 인터뷰를 수행하는 과학과 기술이 있다. UX 연구 조사에는 풍부한 규율이 있다! 이 부분에 대해서 당신의 팀 내 연구원과 협력하고 UX 연구 조사를 위한 자료에 대해 상의하는 것이 좋다. UX 라이터가 인터뷰에 관심을 기울인다면 인터뷰 대상자가 사용하는 단어를 쓰고, 사용자에게 가치 있으며, 사용자가 가지고 있는 두려움을 해결하고 잠재울 수 있는 대화를 디자인할 수 있다. 연구 조사를 거친 UX 텍스트는 사용자에게 한층 강화된 호소력과 정교함을 통해 조직이 제공하는 경험의 가치를 높이고 지원 비용을 줄일 수 있다.

| 공동 디자인

인터뷰보다 높은 단계는 사용자를 경험의 공동 디자이너로 초대하는 방법이다. 공동 디자인 혹은 사용자와 함께 디자인하는 방법은 경험을 디자인하고 개발하는 과정에서 사용자의 목적과 염려에 보이스를 부여하는 것을 말한다. 사용자가 자신을 스스로 대표하게 되면 경험은 사용자에게 집중되기가 더 쉬워진다. 이 참여자들은 담당 팀이 경험에 대해 아직 파악하지 못한 의견과 염려를 전달할 수 있다는 면에서 더욱 중요하다.

3장에서 소개했던 대화를 통한 디자인 훈련은 공동 디자인 활동이다. 그 밖에도 카드 분류 훈련이 있는데, 우선 UX 라이터가 경험과 관련된 표현이 기록되어 있는 한 조의 카드를 미리 준비한다. 공동 디자인 활동 중 참여자는 카드를 그룹이나 차례나 체계에 따라 분류한다. 다른 공동 디자인 활동은 '마술 지팡이' 훈련으로, 참여자는 "마술 지팡이가 있다면 이 경험에 변화를 주기 위해 어떻게 활용하시겠습니까?"라는 질문을 받는다.

| 조사

100명을 인터뷰하는 것은 비용과 시간이 많이 들지만, 100명에게 설문조사를 진행하는 방법은 충분히 가능하다. 설문에 답할 때 특히 자유 응답 문항의 경우 답변자는 특정 아이디어와 이미 연관된 표현, 즉 답변자의 뇌에 이미 자리 잡은 표현에 관한 정보를 UX 라이터에게 전달하게 된다.

설문조사는 답변자가 경험과 브랜드에 대해 가지고 있는 인식에 대해 텍스트가 어떤 효과를 발휘하는지 알아보기 위한 용도로도 쓰인다. 설문 내용으로 조직과 경쟁사에 대해 질문할 수 있다. 답변자가 쓰는 표현과 문구를 조직의 제품 원칙과 콘셉트를 지지하는 보이스 개념과 비교해볼 수 있다. 그 결과가 비슷할수록 경험은 그 원칙을 더 성공적으로 전달했다고 보면 된다.

담당 팀은 더 많은 정보를 원하지만 인터뷰, 공동 디자인 또는 조사를 위한 시간이 부족할 때도 있다. UX 콘텐츠를 가장 빠르고 적은 비용으로 분석하는 방법은 휴리스틱 분석을 적용하는 것이다. **휴리스틱 분석**은 UX 콘텐츠의 사용성과 보이스에 대해 평가하고 개선한 후 다시 평가하는 것이다.

UX 콘텐츠 휴리스틱

UX 콘텐츠를 어디부터 개선할지 확신할 수 없을 때는 일반적 규칙을 적용할 수 있다. 이 일반적 규칙을 **휴리스틱**이라고 부른다. 경험에 대한 조직과 사용자의 목적을 알고 있고, 조직의 보이스를 이해하고 있다면, 텍스트에 쓰인 언어의 원어민이라면 누구나 휴리스틱을 적용할 수 있다.

나는 이 휴리스틱을 통해 UX 콘텐츠가 어떻게 개선될 수 있는지 보여주는 포괄적 평가표를 만들었다. 이 휴리스틱은 엑스박스와 오퍼업에서 연구했던 자료와 닐슨 노만 그룹의 〈사용자 인터페이스 디자인을 위한 10가지 휴리스틱*Nielsen Norman Group's 10 Heuristics for User Interface Design*〉(https://www.nngroup.com/ articles/ten-usability-heuristics)의 내용 일부를 바탕으로 한다. 이 포괄적 평가표를 서식으로 저장하면 다양한 경험에 재사용하고 수정할 수 있다.

평가표를 사용하기 위해 사용자가 전체 경험 중 일부를 선택한다. 예를 들어, TAPP에서 경로 찾기, 더 스터전 클럽에서 메시지 전송하기, 애피 처음 사용하기가 있다. 먼저 사용자의 목표와 경험의 부분을 제공하면서 조직이 충족하려는 목표를 기록한다. 평가표의 각 항목은 10점 만점으로 한다. 만약 경험이 그 기준을 완전히 충족하면 10점을 얻는다. 기준을 살짝 만족시키면 10점 만점에 2점을 얻는다. 기준이 적용되지 않으면 최종 계산에서 제외한다.

에세이를 채점하거나 개의 품종을 판별할 때처럼 채점에는 어디에나 주관성이 존재하기 마련이다. 점수가 경험에 대한 절대평가가 아니라는 사실을 염두에 둔다면 '좋은' '나쁜' UX에 대한 도덕적 함의를 피할 수 있다. 대신 이 채점 기술의 일부를 활용해 경험의 어느 부분이 향상될 수 있을지에 대해 초점을 맞출 수 있다. 변화를 주기 전에 평가표를 사용하고, 그 후 제안되었던 변경 사항을 평가할 때 재사용한다면 담당 팀은 변화가 일으킬 수 있는 영향력을 가늠할 때 도움을 얻을 수 있다.

평가표는 크게 2가지 항목인 사용성과 보이스로 이루어져 있다. 사용성의 세부 항목은 접근성, 목적성, 간결성, 대화성, 명료성이다. 보이스의 6가지 기준은 2장의 보이스 차트에 분류된 항목과 같은 콘셉트, 용어, 장황함, 문법, 구두법, 대문자([표 6-1])이다.

[표 6-1] 사용성과 보이스에 대한 UX 콘텐츠 평가 기록용 서식

UX 콘텐츠 평가표:	
사용자의 목표	
조직의 목표	

사용성			
기준		의견	점수(0-10)
접근성	경험 사용자가 유창하게 쓸 수 있는 언어로 제공됨		
	독해 능력이 (일반 대중용) 7학년이나 (전문가용) 10학년 이하		
	모든 요소는 스크린 리더가 말할 수 있는 텍스트로 구성		
목적성	목표를 달성하기 위해 사용자가 해야 할 또는 할 수 있는 행동이 분명함		
	조직의 목표가 충족됨		
간결성	버튼은 3개 이하의 단어로 이루어지고 텍스트의 길이는 50자 이하, 4줄 이하		
	제시된 정보는 경험에 바로 즉시 관련됨		
대화성	단어, 구, 아이디어는 사용자에게 친숙할 것		
	지시사항은 효율적 단계에 따라 논리적 순서에 맞게 제시됨		
명료성	행동은 분명한 결과를 가짐		
	하우투 및 정책 정보는 찾기 쉬움		
	에러 메시지는 사용자의 진행을 돕고 불가능한 사항을 분명히 알려줌		
	같은 용어는 사용될 때마다 같은 개념을 의미함		

보이스			
기준		의견	점수(0-10)
콘셉트			
용어			
장황함			
문법			
구두법			
대문자			

평가표 사용의 예시를 제공하기 위해 애피의 온보딩 메시지를 평가해보자. 애피는 사용자가 처음 가입했을 때 시작 과정을 돕는 메시지를 제공한다. 즉 사용자가 메인 화면을 열면 처음 나타나는 메시지이다.

경험에 점수를 매길 때 사진이나 동영상을 찍어두면 세부 사항을 기억하기 위해 경험을 다시 시작하지 않아도 되므로 도움이 된다. 사용자가 일상적으로 접할 만한 맥락에서 UX 텍스트를 평가하는 것이 매우 중요하다.

애피의 온보딩 단계를 보여주는 다음 3가지 화면은 지난 챌린지 우승 이미지를 배경으로 화면 가운데 메시지가 뜨면서 시작된다([그림 6-1]). 두 번째 화면에서 메시지는 이미지의 오른쪽 아래에 있는 책갈피 아이콘을 가리킨다. 마지막으로 세 번째 화면에는 아래쪽 '플레이!' 버튼을 가리키는 메시지가 나타난다.

화면 가운데 첫 번째 메시지는 우승 이미지 배경 위로 나타난다.

두 번째 메시지는 이미지를 저장할 수 있는 책갈피 아이콘을 가리킨다.

세 번째의 마지막 메시지는 '플레이!' 버튼을 가리킨다.

[그림 6-1]
애피의 온보딩 단계를 보여주는 3가지 화면.

평가표를 시작하려면 사용자가 원하는 바를 알아야 한다. 그와 동시에 조직이 경험을 통해 얻고자 하는 바는 무엇인가? 3장에서 살펴본 대화를 통한 디자인 훈련과 마찬가지로, 이는 과제와 관련된 목표를 열거하면서 시작한다. 애피의 온보딩 단계에서 플레이어의 목표는 다소 모호하다. 사용자가 애피를 처음 접한다는 사실만 알 뿐이다. 그 사용자는 아마도 이미지를 업로드하거나, 훑어보거나, 저장하거나, 코멘트를 남기거나, 이미지를 담은 상품을 구매하기를 원할 것이다.

애피의 사업 목표는 단순하고 직접적이다. 즉 애피는 새로운 사용자가 애피와 관계를 맺기 시작하는 데 드는 시간을 줄이고, 온보딩 단계 매트릭스를 향상하길 원한다. 6장 초반에 열거했던 주요 행동은 지금도 적용될 수 있다. 즉 애피는 사용자가 저장하고, 코멘트를 쓰고, 이미지에 '좋아요'를 남기고, 업로드하고, 훑어보고, 이미지를 담은 상품을 구매하길 원한다.

이 목표들은 평가표의 첫 번째 서식에 해당한다([표 6-2]). 바로 UX 콘텐츠가 사용자와 조직을 위해 할 수 있는 일이다. 평가표가 팀에 유용하게 유지되려면 목표는 간략하고 콘텍스트와 관련되어야 한다.

[표 6-2] UX 콘텐츠 평가표에 입력된 애피의 온보딩 목표

애피의 온보딩에 대한 UX 콘텐츠 평가표	
사용자의 목표	불분명. 이미지 저장이나 이미지를 이용한 행위, 챌린지 플레이, 자신의 프로필 시작, 물품 구매
조직의 목표	사용자가 처음 접속했을 때 사용자에게 주어진 선택을 알림. 특히 사용자가 저장, 코멘트, '좋아요'를 남기면 머신러닝 정보를 제공하고 개인 맞춤 광고를 제공할 수 있음.

이제 화면이 있고 목표를 알고 있으므로 UX 콘텐츠에 대한 평가를 시작할 수 있다.

| 접근성

사용성 중 가장 중요한 항목은 접근성이다. 사용자가 경험에 접근할 수 없으면 사용도 불가능하다! UX 콘텐츠의 접근성 측정에는 3가지 기준이 있다. 언어 유용성, 독해 수준, 라벨 붙이기이다.

사용자가 편하게 쓸 수 있는 언어로

언어는 모든 접근의 가장 기본이 되는 수단이다. 미국 통계청에 따르면 미국에서는 350개 이상의 언어가 사용되고 있으며, 그중 8퍼센트는 영어와의 의사소통 능력이 제한적인 것으로 밝혀졌다(https://www.migrationpolicy.org/article/limited-english-proficient-population-united-states). 따라서 경험이 영어로만 제공된다면 10점 만점에 9.2점을 줄 수 있다. 나쁜 점수는 아니지만, 언어의 문제로 미국 인구의 8퍼센트는 사용할 수 없는 경험이 된다.

경험이 제공하는 언어가 온보딩 메시지에 국한되지 않는다는 점에서 언어는 평가표에서 특이치로 볼 수 있다. 하지만 현지화된 메시지는 경험이 원래 표현되었던 언어보다 느리게 전달된다. UX 콘텐츠가 새롭게 업데이트될 때 사용자가 다른 언어로 경험을 사용할 수 있기까지 며칠에서 몇 주까지의 지연 기간이 있을 수 있다.

애피의 온보딩에서 조직은 언어 접근성을 강조해왔다. 애피는 챌린지가 사용자의 모국어로 제공되면 플레이가 늘어날 것으로 추측하고, 모회사를 여러 국가에서 운영한다. 이 기준에 대해 애피는 10점 만점에 10점을 얻었다([표 6-3]).

[표 6-3] UX 콘텐츠 평가표에서 애피의 온보딩 경험은 접근성의 언어 기준에서 만점을 기록했다.

사용성	기준	의견	점수(0-10)
접근성	경험 사용자가 유창하게 쓸 수 있는 언어로 제공됨	지원되는 언어: 영어(미국), 중국어(대만), 스페인어(멕시코), 일본어(일본), 프랑스어(프랑스), 프랑스어(캐나다)*	10

독해 능력이 (일반 대중용) 7학년이나 (전문가용) 10학년 이하

독해 능력은 언어의 사용성을 측정하는 또 다른 방법이다. 한 언어를 유창하게 말하는 사람이라도 독해 능력이 그에 못 미치는 경우가 있다. 독해는 훈련이 필요한 기술이며, 경험의 라벨, 타이틀, 버튼, 설명을 읽을 때보다 더 높은 집중력이 필요하다. 또한 독해 능력에 영향을 미치는 인지 능력의 차이도 있을 수 있다(ADHD, 난독증, 뇌진탕 등). 장애가 있는 사람도 이용할 수 있는 경험을 제공하려면 알코올이나 약물로 인한 뇌 손상을 입은 사용자도 고려해야 한다.

영어 독해 능력을 측정하는 방법은 플래시 킨케이드 테스트Flesch-Kincaid Grade Level, 거닝 포그 지수Gunning fog index, 자동 가독성 지수Automated Readability Index, 콜먼 리아우 지수Coleman-Liau index 등 여러 가지가 있다. 하지만 이 중 UX 콘텐츠에 사용될 만한 **학문적으로 검증된 지수는 없다.** UX 분야에 있는 당신이 이 연구를 시행해 결과를 공유해줄 수 있길 바란다!

독해 수준 접근성을 극대화하기 위해 일반 대중을 위한 독해 능력을 7학년 이하 수준으로, 전문가용은 10학년 이하로 유지했다. 애피의 예를 들면 테스트의 모든 독해 수준은 2학년이나 3학년 수준으로, 현저히 낮다. 이 기준에 따

---

* ISO 3166(ISO 3166; https://www.iso.org/obp/ui/#search)은 전 세계 국가의 부속 영토, 국가의 주요 구성단위 명칭에 고유 부호를 부여하는 국제 표준이며, ISO 639(ISO 639; https://www.loc.gov/standards/iso639-2/php/English_list.php)는 전 세계의 언어 명칭에 고유 부호를 부여하는 국제 표준이다. 경험이 제공하는 언어를 명시하는 데 유용하다.

라 온보딩 메시지는 10점을 얻었다([표 6-4]).

[표 6-4] UX 콘텐츠 평가표의 접근성 항목에서 애피의 온보딩 단계는
독해 수준에 따른 기준에서 다음과 같은 점수를 얻었다.

사용성	기준	의견	점수(0-10)
접근성	독해 능력이 (일반 대중용) 7학년이나 (전문가용) 10학년 이하	2학년 또는 3학년 수준	10

모든 요소는 스크린 리더가 말할 수 있는 텍스트로 구성

접근성에 대한 마지막 기준은 라벨링이다. 즉 화면의 모든 요소는 스크린 리더가 말할 수 있는 UX 텍스트로 이루어져야 한다. 아이콘, 입력 필드, 링크, 이미지는 이해할 수 있도록 가시적이고, 표시할 수 있고(마우스오버 기능 등), 들을 수 있는(스크린 리더 등) 텍스트로 이루어져야 한다.

시각적, 청각적 대체 텍스트는 개별적으로 사용될 수 있어야 한다. 애피의 온보딩 예시에서 책갈피 기능은 메인 화면 각 이미지의 끝 쪽에 나타난다. 하지만 경험을 테스트할 때 스크린 리더는 '버튼: 책갈피'라고 10회 말한다. 사용자는 어느 책갈피를 말하는지 구분하기 힘들고 스크린 리더는 화면에 보이지 않는 버튼을 포함해 모든 버튼을 읽는다. 이는 버그로 기술팀에서 바로잡아야 할 문제이며 UX 콘텐츠 평가표의 기준 점수에 영향을 준다([표 6-5]).

이 기준에 영향을 주는 또 다른 경우는 해야 할 행동이 명확하지 않을 때이다. 제안된 행동을 해야 하는지, 그것을 무시하기 위해 메시지를 탭해야 하는지, 아니면 계속하기 위해 메시지 바깥쪽을 탭해야 하는지가 분명하지 않다. 모든 행동이 가능한 상황이라면 경험은 내용을 구체적으로 제시해야 한다.

[표 6-5] UX 콘텐츠 평가표의 접근성 중 스크린 리더 항목에 대한 애피의 온보딩 경험의 평가

사용성	기준	의견	점수(0-10)
접근성	모든 요소는 스크린 리더가 말할 수 있는 텍스트로 구성	온보딩 메시지를 들은 후 다음 행동을 판단할 수 없다. 탭 해야 하는가? 책갈피는 '버튼: 책갈피'라고 10회 읽지만, 눈에 보이지 않는 것을 포함한 모든 책갈피를 읽기 때문에 어느 것인지 구별할 수 없다. 플레이, 메뉴, 프로필 작업	2

UX 콘텐츠와 관련되지 않는, 더 광범위한 접근성에 관련된 요구 사항이 있다. 그 사항들은 텍스트에 관한 것뿐만 아니라 상호작용, 시각 디자인, 기본 코드를 포함하기 때문에 UX 콘텐츠 평가표에 포함되지 않는다. 그 요소들이 중요하지 않아서가 아니라 이 책의 주제가 아니기 때문이다. 다음으로 UX 콘텐츠가 이 경험의 목적을 얼마나 잘 충족할 수 있는지 살펴보자.

| 목적성

사용성은 조직과 애피 사용자가 경험의 이 부분에 대해 가지는 목적을 충족하는지를 포함한다. 이 목적은 문서의 맨 위쪽 목표 부문에 기록되어 있겠지만 충분하지 않다. 우리는 텍스트가 기록된 대로 사용자와 조직의 목적을 달성할 수 있도록 돕는지 판단해야 한다.

목표를 달성하기 위해 사용자가 해야 할 또는 할 수 있는 행동이 분명함

사용자가 UX 텍스트를 읽거나 들었을 때 목표를 달성하기 위해 해야 할 일, 할 수 있는 일이 분명해야 한다. 접근성 기준에 기록한 대로, 메시지는 사용자가 화면을 탭해야 할지, 만일 탭한다면 어디를 탭해야 하는지가 분명히 전달되지 않는다. (시각 디자인이나 UX 텍스트로 된) 추가 지시사항이 없다면 사용자는 목표를 어떻게 달성할 수 있는지 알 수 없다. [표 6-6]에서 의견에 그 내용을 기록하고 10점 만점에 6점을 부여한다.

[표 6-6] UX 콘텐츠 평가표의 목적성 항목에서 애피의 온보딩 경험의
사용자 목표 기준에 대한 평가

사용성	기준	의견	점수(0-10)
목적성	목표를 달성하기 위해 사용자가 해야 할 또는 할 수 있는 행동이 분명함	버블을 탭할 수 있는지, 사용자가 표시되는 것을 탭해야 하는지 불분명하다. 애피는 사용자가 무엇인가 하길 원하지만 방향성이 불분명하다.	6

조직의 목표가 충족됨

애피의 온보딩 경험은 사용자의 목표에 비해 조직의 목표를 더 충실히 충족한다. 목표에 열거된 3가지 구체적 행동 중 '저장하기'와 '코멘트 남기기'의 2가지 목표가 충족되며 '좋아요'는 포함되지 않는다.

텍스트는 구매하기를 포함하는데 이 경험의 목표에 열거되지 않은 항목이다. 구매하기가 제외된 이유는 새로운 플레이어는 구매할 품목을 아직 파악하지 못했기 때문이다. [표 6-7]에서 평가자의 코멘트는 텍스트가 조직의 목표와 연결된 항목과 그렇지 않은 항목을 보여준다.

[표 6-7] UX 콘텐츠 평가표의 목적성 항목에서 조직의 목표 기준에 대한
애피의 온보딩 경험의 평가

사용성	기준	의견	점수(0-10)
목적성	조직의 목표가 충족됨	앱에서 의견을 남기고 구매하려면 이미지를 탭하도록 표시하지만 구매 품목은 표시하지 않는다. 책갈피는 저장하기를 포함하고 '좋아요'는 포함하지 않는다.	8

UX 콘텐츠에서 텍스트는 접근 가능할 뿐만 아니라 목표를 충족해야 한다. 표현에 할당된 공간은 제한적이며 사용자는 UX 텍스트를 읽으려고 경험을 하지 않기 때문에 주의력 또한 제한적이다. 따라서 UX 텍스트는 반드시 간결해야 한다.

| 간결성

UX 콘텐츠 평가표에서 간결성을 측정하는 방법은 2가지이다. 텍스트의 가시적 길이와 텍스트를 읽는 사용자와 관련되지 않은 아이디어를 포함하는가이다.

버튼은 3개 이하의 단어로 이루어지고
텍스트의 길이는 50자 이하, 4줄 이하

텍스트가 큰 화면(TV) 혹은 작은 화면(휴대전화) 어느 쪽에 제시되건 간략한 메시지는 훑어 읽기 쉽다. 내가 진행했던 경험이나 자체 연구 결과에 따르면 좋은 평가를 받은 텍스트는 3줄 이하, 50자 이하로 구성된 것이었다. 같은 맥락에서 한두 단어로 된 버튼은 3개가 넘는 단어로 된 버튼보다 더 자주 신속하게 사용된다. 이러한 제한 조건을 충족하기는 쉽지 않겠지만 그만큼 충분한 가치가 있다. 애피의 온보딩 메시지는 이 3가지 하부 기준을 모두 충족하며 다른 의견이 필요하지 않다([표 6-8]).

제시된 정보는 경험에 즉시 관련됨

정보를 사용자에게 관련되도록 제한하는 것은 UX 라이팅에서 가장 까다로운 부분일 것이다. 2가지 문제점이 있을 수 있다. 첫째, 관련 있을 법한 다양한 상황을 아는 사용자가 있을 수 있다. 하지만 모든 사용자를 위해 항상 제각각의 경험을 만들 수 없고, 사용자가 누구인지 모르기 때문에 우리는 대부분의 사용자에게 대체로 맞는 콘텐츠를 써야 한다. 둘째, 사용자가 관련될 만한 콘텐츠를 알기 어려운 경우가 많다. 어느 쪽이든 우리가 할 수 있는 최선을 다하는 수밖에 없다.

애피의 온보딩 경험 평가표에서 사용자가 실제로 무엇을 원하는지 확신할 수 없지만, 우리가 제시하는 아이디어가 그들과 관련 있는지 알 수 없다는 의견을 남길 수 있다([표 6-8]).

[표 6-8] UX 콘텐츠 평가표의 간결성 항목의 2가지 기준에 대한 애피의 온보딩 경험의 평가

사용성	기준	의견	점수(0-10)
간결성	버튼은 3개 이하 단어로 이루어지고 텍스트의 길이는 50자 이하, 4줄 이하	✓	10
	제시된 정보는 경험에 즉시 관련됨	우리는 사용자가 원하는 바에 대한 확신이 없다. 하지만 사용자가 처음 접하는 경험이므로 가능한 바를 알려주어야 한다. 평가 예외 사항임. '좋아요'는 제외.	8

경험이 목표를 제대로 충족하고 매우 간결하면 자칫 기계적으로 보일 수 있다. 기계적인 특징 때문에 사용자가 경험 사용을 어렵게 느낄 수 있다. 경험의 텍스트는 대화성을 가져야 한다.

| 대화성

경험은 보이스를 가진다는 특성 때문에 구어체로 느껴지는 여러 요소를 가지며 그 자체의 휴리스틱이 있다. 사용성에 관한 대화의 부분에서 가장 중요한 점은 경험이 사용자에게 친근한 어휘와 콘셉트를 사용하고, 전달하는 아이디어가 타당한 순서로 제기되는 것이다.

단어, 구, 아이디어는 사용자에게 친숙할 것

경험이 경험 사용자에게 가장 친숙한 단어로 표현되면 경험의 사용성이 매우 높아진다. 전문용어는 제쳐놓고(명료성 부분에서 다룸), 사용자가 친구나 가족에게 사용할 만한 일상 용어, 어구, 문법이 사용자가 가장 이해하기 쉽다.

애피 예시의 온보딩 메시지에서 다뤄지는 아이디어 대부분은 사용자가 과거에 SNS나 소셜게임을 이용한 경험이 있다면 친숙하게 느끼는 것이 당연하다. 이는 애피를 처음 사용하기 전에 사용자가 이미 겪었을 것이라고 기대할

만한 경험이다. 친숙하지 않은 아이디어는 투표 부분이다. 자신에게 가장 마음에 드는 챌린지 이미지에 투표한다는 것은 평범한 생각이 아니며 애피를 처음 접하는 사용자는 이를 경험한 적이 없을 것이다. 사용자가 이미지 업로딩의 맥락을 이해하기 전에 온보딩 경험에서 투표에 관한 내용을 언급하는 것은 상황에 맞지 않는다. 따라서 애피는 이 기준에서 1점을 잃었다([표 6-9]).

[표 6-9] UX 콘텐츠 평가표의 대화성 항목에서 친숙도 기준에 대한 애피의 온보딩 경험의 평가

사용성	기준	의견	점수(0-10)
대화성	단어, 구, 아이디어는 사용자에게 친숙할 것	투표는 친숙하지 않은 아이디어임	9

지시사항은 효율적 단계에 따라 논리적 순서에 맞게 제시됨

사용자가 쉽게 이해할 수 있는 표현을 사용하는 것뿐만 아니라 가장 도움이 될 중요한 것은 논리적 순서에 따른 제시이다. 아이디어가 사용 순서에 따라 제시되면 사용자가 경험에 성공할 확률이 놀라울 정도로 증가한다. 다음 두 문장의 차이를 비교해보자.

• "위치 정보를 허용하려면 설정으로 가서 위치 사용 버튼을 켜세요."
• "위치 정보를 허용하려면 위치 사용 버튼을 설정에서 켜세요."

두 번째 문장은 더 짧지만, 정보의 순서가 바뀌어 있다. 사용자가 따라야 할 순서는 먼저 설정으로 가고 그다음 위치 사용을 지정하는 것이다.

애피의 온보딩 메시지는 올바른 순서대로 제공되지 않는다. 지시사항을 똑같이 따라야 하는 것은 아니지만 단계별로 제시되지 않을 뿐만 아니라 사용자가 따를 법한 경로처럼 보이지도 않는다. UX 콘텐츠 평가표의 의견에 기재된 대로, 사용자에게 가장 쉬운 상호작용을 시작으로 가장 부담이 적은 단계를

거쳐 보다 큰 책임을 동반하는 작업으로 이동하는 것이 좋다([표 6-10]).

[표 6-10] UX 콘텐츠 평가표의 대화성 항목에서 논리적 순서 기준에 대한
          애피의 온보딩 경험의 평가

사용성	기준	의견	점수(0-10)
대화성	지시사항은 효율적 단계에 따라 논리적 순서에 맞게 제시됨	사용자가 첫 단계부터 구매할 확률은 거의 없다. 마찬가지로 의견을 남길 확률 역시 낮다. 저장 > 좋아요 > 코멘트 순으로 제공되는 것이 바람직하다. 구매는 중심이 되는 행동이 아닐 것이다.	4

목적성 있고 간결하며 구어체 텍스트로 이루어진 텍스트의 사용성보다 더 중요한 것은 텍스트의 명료성이다. 명료성이 없다면 사용자는 기분 좋게 순서대로 진행하면서도 제대로 이해했는지 확신을 가질 수 없다.

| 명료성

역설적이지만 명료성이라는 말 자체는 은유이다. 즉 명료성은 문자 그대로 깨끗한 유리컵이나 탁 트인 풍경처럼 투명함을 의미한다. 이 은유를 UX 콘텐츠에 적용한다면 사용자가 경험을 이해할 수 있게 표현으로 최선을 다한다는 의미이다. 사용자가 필요한 정보를 가지고 있고 정보의 의미가 통한다면 목표를 충족할 수 있다. 각 문장에서 명료성은 접근성, 목적성, 간결성, 대화성에 따라 입증된다. 총체적으로 UX 콘텐츠에는 체계적 명료성이 있어야 한다.

명료성 부문의 4가지 기준은 체계적 명료성을 명시한다. 로그인부터 '떠난다니 아쉽습니다' 화면에 이르기까지 명료성은 경험의 모든 부분에서 필요하다. 명료성이 어느 한 부분에서라도 부족하면 경험 전반에 영향을 준다. 체계적 기준이지만 경험의 각 부분에 적용되기 때문이다. 명료성은 경험 전체가 명료해질 때까지 부분적으로, 메시지별로 수정될 수 있다.

행동은 분명한 결과를 가짐

사용자에게 가능한 행동은 상호작용 디자이너의 영역인 경우가 많다. 하지만 대부분의 경험에서 버튼, 타이틀, 컨트롤은 UX 텍스트로 구성되며 사용자는 다음에 일어날 행동을 기대하게 된다. 또한 사용자는 행동이 완료되었을 때 보거나 알 수 있어야 한다. 예를 들어 사용자가 체크박스에 표시할 때 눈으로 볼 수 있고 스크린 리더는 '표시됨'이라고 읽는다.

사용자가 비중 있는 행동을 할 때 더 적극적인 피드백을 주는 것이 중요할 수 있다. 온라인 구매에서 '결제' 버튼이 활성화되었다면 사용자는 자신의 계좌에서 돈이 인출되리라는 사실을 충분히 예측할 수 있다. '결제' 버튼을 사용하면 구매가 완료되었다는 확인을 원한다. 확정 메시지를 받지 못하면 사용자는 결과에 대한 확신을 얻지 못한다.

구매 과정의 마지막 단계에서 '다음'이나 '계속' 버튼이 있고, 사용자는 구매가 완료되었다는 확정 메시지를 보았다고 가정해보자. 이때 '다음' 버튼은 애매하며 오해의 소지가 있다. 그로 인해 사용자가 구매 사실을 확신하지 못할 수 있기 때문이다.

애피 온보딩 메시지에서 사용자는 메시지를 탭해야 하는지 하지 말아야 하는지 결정하기가 어렵다. 메시지 내용 텍스트는 책갈피 아이콘을 탭하면 무슨 일이 일어날지 명료하게 제시하지 않지만, 그런 메시지 내용은 이미지를 탭하는 행동으로 코멘트를 남기거나 구매가 진행될 것으로 보이기 때문이다. 또한 비교적 명료해 보이는 '플레이!' 버튼을 가리키고 있는 메시지 역시 상금 획득과 투표를 포함하고 있어서 나타내는 바가 분명하지 않다. 따라서 애피의 온보딩 메시지는 10점 만점에 2점밖에 얻지 못했다([표 6-11]).

[표 6-11] UX 콘텐츠 채점표의 명료성 부문에서 모호함에 대한
애피의 온보딩 경험의 평가

사용성	기준	의견	점수(0-10)
명료성	행동은 분명한 결과를 가짐	사용자가 해야 할 행동이 모호하지만, 책갈피 텍스트는 명료해 보임. 상금 획득과 투표가 합쳐져 있어서 '플레이'는 명료성이 떨어짐. 이미지를 탭하면 코멘트를 남기거나 구매할 것으로 보임.	2

하우투와 정책에 관한 정보는 찾기 쉬움

소프트웨어 사용자 중에는 어떤 일이 일어날지 잘 모르는 상태에서도 이것저것 편안하게 시도하길 즐기는 사람과 무엇이 일어날지 확신이 없는 상태에서는 아무것도 클릭(혹은 탭)하길 원치 않는 사람이 있기 마련이다. 소프트웨어 개발자나 경험에 관련된 큰 결정을 책임지는 사람 대부분은 첫 번째 부류, 즉 아무거나 클릭하고 탭해보기를 즐기는 사람들이다.

탭하고 둘러보기를 즐기는 우리 같은 부류는 업무를 제대로 했다면 사용자가 추가로 도움이 필요한 일이 없으리라고 생각하는 경향이 있다. 우리는 전자기기든 이케아 식탁이든 새로운 무엇인가를 설명서 없이 설치할 수 있다는 사실을 명예의 훈장으로 여긴다. 우리의 관점에서라면 하우투 정보가 필요한 경험은 사용자가 해야 하거나 할 수 있는 것이 분명하지 않다는 뜻이므로 잘못된 것이다.

하지만 젠더매그GenderMag에 게재된 마거릿 버넷Margaret Burnett의 자료(http://gendermag.org)*에 따르면 대다수 사람은 아무거나 탭하길 즐기지 않는다고 한다. 소프트웨어를 사용할 사람 대부분은 소프트웨어를 만들거나 탭을 즐기는 사람이 아니다. 즉 사용자 대부분은 경험을 이해한 다음에야 편안한 마음으로 클릭하고 탭하고 행동한다.

---

* 미핼라 보르보르누Mihaela Vorvoreanu 외, 〈성 편견을 넘어 모든 성별을 아우르는 디자인:

탭을 즐기는 우리는 편견을 버리고 우리가 만드는 경험에 다양한 사용자를 포용할 수 있어야 한다. 모든 사용자를 위한 사용성 향상을 위해 하우투와 정책 관련 정보를 찾기 쉬운 곳에 배치해야 한다. 이를 통해 더 많은 사람이 경험을 사용하고 즐길 수 있다.

애피의 온보딩 메시지는 그 자체가 하우투 정보이다. 도움말 메뉴에도 정보가 있다. UX 콘텐츠 평가표에서 애피의 온보딩 메시지는 찾기 쉬운 하우투 정보 항목에서 10점 만점에 10점을 얻었다([표 6-12]).

[표 6-12] UX 콘텐츠 평가표 명료성 부문의 도움말 유용성에 대한
애피의 온보딩 경험의 평가

사용성	기준	의견	점수(0-10)
명료성	하우투와 정책에 관한 정보는 찾기 쉬움	하우투 정보는 적절함. 정책 정보는 현재 단계에서 필요 없음.	10

탭을 즐기는지 아닌지를 떠나 사용자는 일반적으로 에러 상황에 직면했을 때 도움을 청하게 된다. 하지만 에러 메시지가 아주 명료해서 추가 도움이 필요 없는 상황이 더 바람직하다.

에러 메시지는 사용자의 진행을 돕고 불가능한 사항을 분명히 알려줌

사용자가 경험 중 난관에 직면하면 경험에서 에러 메시지를 발송한다. 이때 에러 메시지는 사용자가 할 일을 알려주는 분명하고 편리한 것이 될 수 있지만, 사용자가 알 수도 없고 알 필요도 없는 근본적이고 기술적인 상황을 설명하는 혼란스러운 것이 될 수도 있다.

실증 연구*From Gender Biases to Gender-Inclusive Design: An Empirical Investigation*〉, Proceedings of the 2019 CHI Conference on Human Factors in Computing Systems (May 2019), ftp://ftp.cs.orst. edu/pub/burnett/chi19-GenderMag-findToFix.pdf.

4장의 에러 UX 텍스트 패턴에서 설명한 대로 에러 상황은 사용자에게 가장 중요한 것 중 하나이다. 사용자는 경험을 사용하려고 노력하고 있다. 사용자는 즐거움이나 일을 위해, 시민으로서의 본분을 다하기 위해, 업무를 위해 경험을 접한다. 목적이 무엇이든 에러는 진행을 가로막는다. 사용자가 계속 경험을 진행하도록 돕는 것이 가장 바람직하다. 사용자가 경험을 계속할 수 없으면 에러 메시지는 그 내용을 정확히 알려 다른 방법을 찾을 수 있도록 도와야 한다.

다른 기준과 마찬가지로 애피의 온보딩 메시지 역시 에러 가능성을 가지고 있다면 UX 콘텐츠 평가표 전반에 걸쳐 평가된다. 만약 10개의 에러가 있을 수 있고 그중 8개가 기준을 충족한다면 8점을 부여한다. 애피의 온보딩 메시지는 예시로 사용할 만한 에러 상황이 없으므로 이 기준은 해당 없음Not Applicable, N/A으로 표기하고 전체 점수에 포함하지 않는다([표 6-13]).

같은 용어는 사용될 때마다 같은 개념을 의미

명료성을 판단하는 마지막 기준은 전문용어이다. 어휘의 다른 부분과 다르게 전문용어는 경험에서 특별한 의미가 있는 단어이다. 전문용어는 UX 콘텐츠에서 특별하게 취급되므로 같은 아이디어는 항상 같은 용어로 부르고, 이는 비슷하지만 다른 행동에서는 쓰지 않는다.

애피에서 이미지를 저장하는 용어는 '책갈피'이다. 온보딩 메시지는 '저장하기' 대신 '책갈피'를 사용하기 때문에(메시지에 나타나는 유일한 용어이기도 함) 애피의 온보딩 메시지는 전문용어의 일관된 사용에 대해 다음과 같은 점수를 얻는다([표 6-13]).

[표 6-13] UX 콘텐츠 평가표의 명료성 부문에서 마지막 2가지 기준에 대한
애피의 온보딩 경험의 평가

사용성	기준	의견	점수(0-10)
명료성	에러 메시지는 사용자의 진행을 돕고 불가능한 사항을 분명히 알려줌	이 과정에서 에러 상황 없음	해당 없음 (N/A)
	같은 용어는 사용될 때마다 같은 개념을 의미함	책갈피	10

사용성 평가는 끝났지만 또 하나의 중요한 요소를 이용할 수 있다. 바로 보이스이다. 이제 우리는 애피의 온보딩 메시지의 보이스를 평가한다.

| 보이스

사용성이 UX 콘텐츠 평가표에서 약 2/3를 차지한다면 보이스는 나머지 1/3을 차지한다. 보이스는 목표에 부합한다. 조직과 사용자 양쪽 다 경험이 편리하길 원하지만, 조직은 경험의 보이스 또한 인지되길 원한다. 사용자는 구별할 수 있는 보이스로부터 이득을 얻지만 그것이 사용자의 목표는 아니다.

보이스를 측정하는 기준은 조직의 보이스 차트(2장 참고)에 있는 콘셉트, 용어, 장황함, 문법, 구두법, 대문자의 내용을 참고한다.

우리는 보이스의 여러 가지 면을 정의해 각기 다른 제품 원칙에 연결했다. 따라서 어떤 제품 원칙을 경험의 어느 부분에 적용할지 선택해야 한다. 애피는 3가지 제품 원칙을 가지고 있다. 즐거움, 통찰, 놀라움이 그것이다. 애피는 제품 원칙 중 통찰을 사용자가 업로드하고 코멘트를 남기는 이미지에만 국한하기 때문에 통찰은 여기에 적용되지 않는다. 따라서 온보딩 메시지에 대한 평가표의 기준 열은 즐거움과 놀라움에 적용되는 보이스 특성만을 포함한다 ([표 6-14]).

사용성에 적용했던 것과 같이 보이스에 대해 애피의 온보딩 경험을 평가한다. 통찰 원칙이 제외되었기 때문에 어휘에 대한 구체적 지침은 없다. 따라서 점수는 해당 없음이다. 의견란에 몇 점을 잃었다는 내용이 표시된 까닭은 구

대신 문장이 사용되었고, 단어에는 대문자가 필요 없으며, 전체적으로 이모지가 더 많이 사용될 수 있기 때문이다([표 6-14]).

[표 6-14] 애피의 온보딩 메시지에 대한 UX 콘텐츠 평가표의 보이스 항목

보이스	기준	의견	점수(0-10)
콘셉트	작은 기쁨. 거창한 성공은 피함. 장식품. 예측 불가능. 잘못된 지시나 난관이 흥미로울 수 있음.	작은 기쁨이 부족. 장식품 없음. 어려움이 있음. 과연 재미있을까?	2
용어	{용어 해당 사항 없음}		해당 없음 (N/A)
장황함	꼭 필요한 것보다 적은 수	간결함. 판단하기 쉽지 않음	8
문법	현재와 미래 시제, 구를 선호	문장 대신 구로 표현 가능	8
구두법	마침표 피함. 이모지, 감탄사, 인테러뱅, 물음표 사용.	OK. 이모지만으로도 가능하지 않을까?	9
대문자	강조를 위해서만 대문자 사용	일관성 없음. '탭(Tap)'은 첫 글자를 대문자로 써야 할까?	9

여기서 주목할 만한 가장 흥미로운 기준은 콘셉트이며 애피의 온보딩 메시지는 매우 낮은 점수를 얻었다. 메시지에 포함된 정보나 작은 기쁨이 없다. 약간의 어려움이 있지만 그 어려움은 의도적 과제라기보다 사용성 문제로 보인다. 사용성 관점에서 메시지는 더 명확하게 표현될 수 있지만 콘셉트 기준에 대해서는 더 복잡해질 수 있다. 이는 애피의 보이스와 사용성이 상충하는 부분 중 하나이다.

이런 어려움은 당연한 부분이다. 인간의 경험 전반에는 서로 상충하는 디자인 요소가 존재한다. 이를 스펙트럼의 양쪽 끝이고 경험의 보이스는 그 사이에 존재한다고 생각할 수 있다. 경험의 다른 포인트에는 보이스 스펙트럼의 다른 포인트가 적절하다. 예시는 우리 주변에 얼마든지 있다. 교통표지는 눈에 잘 띄면서도 산만하지 않다. 박물관은 유물을 수집하고 보존하지만 전시하고 이용하기도 한다. 병원의 여러 장비는 의료진의 관심을 끌면서도 환자가

잠들 때 쓰이기도 한다.

게임은 사용성이 의도적으로 어긋난 특별한 경우이다. 퍼즐이든 일인칭 슈팅 게임이든 게임을 재미있게 만들어주는 부분이 본질적인 도전과제가 되기도 한다. 도전이 항상 표현에 반영되는 것은 아니지만 애피는 그 표현이 도전적일 수 있도록 구성되었다. 보이스와 사용성 점수 사이의 균형을 평가함으로써 담당 팀은 그 결정이 어디서 어떻게 이루어졌는지 기록하고 조정을 선택할 수 있다.

우리는 이제 애피의 온보딩 메시지에 대한 평가를 마쳤다. 총점 125점을 만점 170점으로 나누면 평가 결과는 73%이다([표 6-15]).

[표 6-15] 전체 UX 콘텐츠 평가표에 대한 애피의 온보딩 경험의 평가 결과는 73%이다.

애피의 온보딩에 대한 UX 콘텐츠 평가표		
사용자의 목표	불분명. 이미지 저장이나 이미지를 이용한 행위, 챌린지 플레이, 자신의 프로필 시작, 물품 구매	
조직의 목표	사용자가 처음 접속했을 때 사용자에게 주어진 선택을 알림. 특히 사용자가 저장, 코멘트, '좋아요'를 남기면 머신러닝 정보를 제공하고 개인 맞춤 광고를 제공할 수 있음.	
사용성		
기준	의견	점수(0-10)
접근성	경험 사용자가 유창하게 쓸 수 있는 언어로 제공됨	지원되는 언어: 영어(미국), 중국어(대만), 스페인어(멕시코), 일본어(일본), 프랑스어(프랑스), 프랑스어(캐나다)	10
	독해 능력이 (일반 대중용) 7학년이나 (전문가용) 10학년 이하	2학년이나 3학년 수준	10
	모든 요소는 스크린 리더가 말할 수 있는 텍스트로 구성	온보딩 메시지를 들은 후 다음 행동을 판단할 수 없다. 탭해야 하는가? 책갈피는 '버튼: 책갈피'라고 10회 읽지만 눈에 보이지 않는 것을 포함한 모든 책갈피를 읽기 때문에 어느 것인지 구별할 수 없다. 플레이, 메뉴, 프로필 작업	2

목적성	목표를 달성하기 위해 사용자가 해야 할 또는 할 수 있는 행동이 분명함	버블을 탭할 수 있는지, 사용자가 표시되는 것을 탭해야 하는지 불분명하다. 애피는 사용자가 무엇인가 하길 원하지만 방향성이 불분명하다.	6
	조직의 목표가 충족됨	앱에서 의견을 남기고 구매하려면 이미지를 탭하도록 표시하지만 구매 품목은 표시하지 않는다. 책갈피는 저장하기를 포함하고 '좋아요'는 포함하지 않는다.	8
간결성	버튼은 3개 이하의 단어로 이루어지고 텍스트의 길이는 50자 이하, 4줄 이하		10
	제시된 정보는 경험에 즉시 관련됨	우리는 사용자가 원하는 바에 대한 확신이 없다. 하지만 사용자가 처음 접하는 경험이므로 가능한 바를 알려주어야 한다. 평가 예외 사항임. '좋아요'는 제외.	8
대화성	단어, 구, 아이디어는 사용자에게 친숙할 것	투표는 친숙하지 않은 아이디어임	9
	지시사항은 효율적 단계에 따라 논리적 순서에 맞게 제시됨	사용자가 첫 단계부터 구매할 확률은 거의 없다. 마찬가지로 의견을 남길 확률 역시 낮다. 저장 > 좋아요 > 코멘트 순으로 제공되는 것이 바람직하다. 구매는 중심이 되는 행동이 아닐 것이다.	4
명료성	행동은 분명한 결과를 가짐	사용자가 해야 할 행동이 모호하지만, 책갈피 텍스트는 명료해 보임. 상금 획득과 투표가 합쳐져 있어서 '플레이'는 명료성이 떨어짐. 이미지를 탭하면 코멘트를 남기거나 구매할 것으로 보임.	2
	하우투와 정책에 관한 정보는 찾기 쉬움	하우투 정보는 적절함. 정책 정보는 현재 단계에서 필요 없음.	10
	에러 메시지는 사용자의 진행을 돕고 불가능한 사항을 분명히 알려줌	이 과정에서 에러 상황 없음	N/A

	같은 용어는 사용될 때마다 같은 개념을 의미함	책갈피	10

보이스			
기준		의견	점수(0-10)
콘셉트	작은 기쁨. 거창한 성공은 피함. 장식품. 예측 불가능. 잘못된 지시나 난관이 흥미로울 수 있음.	작은 기쁨이 부족. 장식품 없음. 어려움이 있음. 과연 재미있을까?	2
용어	{용어 해당 사항 없음}		N/A
장황함	꼭 필요한 것보다 적은 수	간결함. 판단하기 쉽지 않음	8
문법	현재와 미래 시제, 구를 선호.	문장 대신 구로 표현 가능	8
구두법	마침표 피함. 이모지, 감탄사, 인테러뱅, 물음표 사용.	OK. 이모지만으로도 가능하지 않을까?	9
대문자	강조를 위해서만 대문자 사용	일관성 없음. '탭(Tap)'은 첫 글자를 대문자로 써야 할까?	9
총점			125
만점			170
평가 결과			**73%**

여기서 의문이 제기될 수 있다. 과연 73%는 좋은 점수인가? 평가표는 UX 콘텐츠가 조직과 사용자의 목표를 얼마나 잘 충족시키는지에 대한 대리 측정이다. 이 점수를 통해 우리는 UX 콘텐츠의 유용성과 경험이 정의하는 보이스에 가치를 부여함으로써 텍스트를 얼마나 향상할 수 있는지 예측할 수 있다.

숫자로 나타나는 점수보다 중요한 것은 UX 콘텐츠를 향상할 수 있는 단계를 분석했다는 사실이다. 이 단계를 거치면서 UX 콘텐츠의 질을 향상하고 경험이 조직과 사용자의 목표를 충족할 수 있도록 돕는다.

다음은 가장 낮은 점수를 받은 부분이다.

- 접근성

  모든 요소는 스크린 리더가 말할 수 있는 텍스트로 구성.

- 대화성

  지시사항은 효율적 단계에 따라 논리적 순서에 맞게 제시됨.

- 명료성

  행동은 분명한 결과를 가짐.

- 콘셉트

  작은 기쁨. 거창한 성공은 피함. 장식품. 예측 불가능. 잘못된 지시나 난관이 흥미로울 수 있음.

제시된 정보를 바탕으로 담당 팀은 경험을 향상하기 위해 해야 할 일을 결정하거나 우선순위를 정할 수 있다. 팀은 경험의 다른 부분, 예를 들어 챌린지 플레이, 물품 구매, 코멘트 남기기를 평가하고, 더 높은 점수를 얻기 위해 투자가 가장 필요한 부분을 정할 수 있다.

일정 시간이 지난 후 담당 팀은 텍스트를 개선하고 다시 점수를 매길 수 있다. 관계, 유지, 비용 절감 및 다른 직접적 측정에 대한 개선된 부분을 텍스트 점수의 차이와 비교한다면 팀은 이 근사치가 조직의 실제 경영 성과에 얼마나 가까워졌는지 파악할 수 있다.

요약: 좋은 것에는 나름의 이유가 있다

피드백 없이 개선을 이루기는 힘들다. 변화를 줄 수 있지만 관심을 기울이지 않는다면 변화가 좋은 것인지 나쁜 것인지 판단하기 어렵다. 6장에서 다룬 내용은 결국 관심을 기울이는 방법에 관한 것이다.

우리가 UX 콘텐츠를 개선한 후엔 관계, 완료, 유지, 소개, 온보딩 속도에서 나아진 점을 인지할 수 있어야 한다. 개선된 점이 미미할지라도 충분히 가치 있는 것이고 점진적으로 더 나아질 것이다.

사용자 인터뷰와 함께 불평 및 질문에 대한 분석을 포함하는 연구를 진행하면 UX 콘텐츠가 효과적인 이유를 더 잘 이해할 수 있다. 사용자들은 느낀 점, 선호하는 바, 좋아하고 싫어하는 것에 대해 이야기할 것이다. 경험이 사용자에게 어떻게 작용하는지 최대한 정확하게 밝힐 것이다. 하지만 팀원과 마찬가지로 경험 사용자 역시 행동의 이유를 파악하거나 자신이 선호하는 바에 대한 이유를 설명할 때 오류가 있을 수 있다.

팀에서 A/B 테스트와 연구를 이용할 수 있을 때도 휴리스틱 측정이 가치 있는 이유가 바로 이것이다. 사용자 휴리스틱은 개인이 특정한 방식으로 행동하는 이유에 대한 믿음에 상관없이 UX 콘텐츠에 대해 대체로 맞았던 지침이다. 보이스 휴리스틱은 조직이 그들과 경험과 경험 사용자에게 진실이라고 믿는 것에 대한 일련의 지침이다. 이를 합치면 휴리스틱은 UX 콘텐츠가 좋을 수 있는 이유와 방법에 대한 추측이다. 휴리스틱이 경험에 적용되면, 평가표는 우리에게 표현을 수정할 방법을 제시하고 수정되어야 할 표현이 아닌 경우를 이해하는 데 도움이 된다.

7장

UX 라이팅의 도구

> 당신만의 도구를 가지고 있다면 가장 좋다. 가지고 있지 않다면
> 생각하지 않던 무언가로 실망하기 쉽다.
>
> — 스티븐 킹Stephen King, 작가

훌륭한 UX 라이터를 만들어주는 마법의 도구는 없다. 널리 보급된 툴을 이용하는 UX 라이터가 대다수이고 심지어 무료인 경우도 많다. 7장에서는 다음과 같은 UX 라이팅의 주요 업무를 성공적으로 수행하면서 이용했던 도구를 공유하려고 한다.

- 초안 작성
- 리뷰
- 발표
- 업무 관찰 및 파악(트래킹)

맥락에 맞는 글쓰기

사람들 대부분은 글쓰기를 생각할 때 책, 기사, 수필, 과제 혹은 블로그에서 읽을 법한 글을 쓰는 일을 떠올린다. 하지만 이 책에서는 단어 기반 작업을 위해 여러 문장이 구로 분류되고 항목과 세부 항목으로 체계화된다. 나는 2가지의 평범한 문서 작성 프로그램을 이용했고 이 책에서 사용하는 것과 거의 같은 포맷으로 작성했다.

UX 라이팅에서 일련의 단어와 문장과 구는 독립적으로 작용하지 않는다. 오히려 경험과 경험 사용자 사이의 대화로 존재한다고 볼 수 있다. 경험은 사용자에게 표현과 시각으로 말을 걸고 사용자는 화면에 나타나는 요소로 상호

작용하면서 반응한다.

　UX 라이팅에서 적절한 표현을 선택하기 위해서는 타이틀, 항목 또는 구절 뿐만 아니라 버튼, 컨트롤, 대화, 텍스트 입력 필드 등을 고려해야 한다. 표현은 보이거나 들리고, 보이면서 동시에 들리기도 한다. 단어와 표현을 접하는 사용자는 화면의 위에서부터 아래라는 순서를 따르는 것이 아니라 위에서부터 아래로 빠르게 훑어보고, 타이틀에서 버튼을 오가기도 하고 어쩌면 우리가 작성한 모든 표현을 읽지 않고 건너뛸지도 모른다.

　책 쓰기용 도구를 사용자 경험을 위한 UX 라이팅에 똑같이 적용할 필요는 없다. UX 라이팅을 위한 나만의 방법이 필요하다. 표현을 작성한 다음에는 그 표현이 화면에 어떻게 나타날지 보고 평가해야 한다. 여러 가지 옵션을 시도하고 반복하는 과정이 필요하다.

| 스크린샷에 초안 작성하기

　UX 라이터는 디자인 파일이 준비되지 않은 단어를 가지고 작업할 때도 있다. 표준 프레임워크common framework(시스템 개발을 위해 필요한 기능 및 아키텍처를 미리 만들어놓은 것—옮긴이)를 기반으로 만들어진 화면에 대해 개발자는 픽셀 퍼펙트 이미지pixel-perpect image(픽셀 하나하나가 색이 선명하게 표현되는 것—옮긴이)까지는 필요 없었을 것이다. 혹은 오래전에 만들어졌거나 다른 팀에서 만들었을 가능성도 있다. 이유가 어떻든 이 경우에 당신은 디자인을 편집할 필요가 없다. 오직 스크린샷, 버그, 이메일이 있고 "나는 무슨 말인지 모르겠는데……"라고 써 있을지 모른다. 예를 들어 [그림 7-1]은 애피에서 플레이어가 이해할 수 없는 에러 이미지를 보여주는 스크린샷이다.

[그림 7-1]
애피의 잘못된 에러 메시지 스크린샷은 일반적인 문제점을 보여준다. 이 에러 메시지는 경험 사용자가 이해할 수 있도록 디자인된 것이 아니라 엔지니어의 관점에서 작성되었다.

오류 텍스트의 스크린샷에는 의견이 동반되기도 한다.

안타깝게도 스크린샷으로 캡처된 단어는 편집할 수 없다. 픽셀로만 존재하기 때문에 입력, 삭제, 편집할 수 없다.

편집할 수 있는 버전을 만들기 위해 나는 스케치Sketch, 피그마Figma, 파워포인트Microsoft Powerpoint, 구글 슬라이드Google Slides, 페인트Paint 소프트웨어로 이미지를 열었다. 이 소프트웨어들은 2가지 도구, 즉 텍스트 상자text box와 렉탱글rectangle(직사각형)을 가지고 있으므로 작업이 가능하다.

내 목표는 새로운 텍스트의 픽셀 퍼펙트는 아니었다. 내가 쓴 새로운 텍스트 옵션을 평가하는 데 방해되지만 않으면 충분했다. 연필과 종이만 있어도 거의 비슷한 작업을 할 수 있지만, 전자 버전이 수정 및 공유와 다른 이들을 설득하는 데 더 유용하다.

내가 변경하고자 하는 텍스트 위에 텍스트 박스를 그려서 편집 가능한 버전을 만들었다. 형편없어 보여도 일단 기존 텍스트와 같은 텍스트를 입력한다. 그다음 원래 텍스트와 같아질 때까지 폰트, 크기, 텍스트 스타일을 조절한다. 같은 폰트가 없을 때는 유사한 것으로 선택한다. 다시 강조하자면 내 목표는 완벽함이 아니라 평가하기에 충분할 만큼 비슷하게 만드는 것이었다.

이 텍스트 박스는 3개의 이미지 층 중 맨 위에 위치한다. 스크린샷은 가장 아래에 위치한다. 기존 텍스트를 가릴 중간층이 필요하므로 원래 UX 텍스트와 같은 크기의 렉탱글(직사각형)을 그리고 텍스트의 배경과 같은 색으로 조절한다. 이제 3개 층이 생겼다. 맨 위의 텍스트, 원래 텍스트를 가리는 빈 사각형, 그 밑에 원래 이미지가 있다([그림 7-2]).

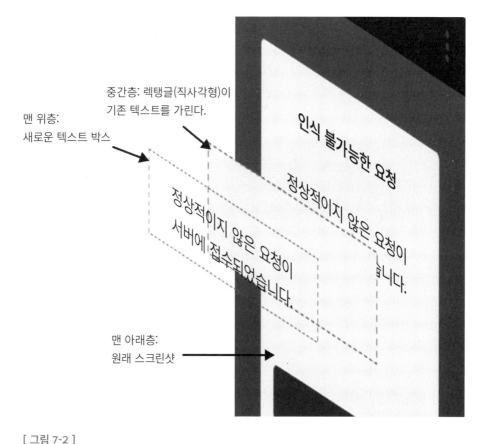

중간층: 렉탱글(직사각형)이
기존 텍스트를 가린다.

맨 위층:
새로운 텍스트 박스

맨 아래층:
원래 스크린샷

[그림 7-2]
텍스트 박스와 렉탱글을 스크린샷 위에 놓고 옆에서 보면 3개 층으로 보인다. 편집 가능한 텍스트 박스 안에 원래 텍스트가 있고 여기서 편집을 시작한다.

수정안을 작성하기 위해 나는 전체 복사본을 만들고 텍스트를 편집했다 ([그림 7-3]). 그다음 또 다른 복사본을 만들어 다시 텍스트를 편집했다. 몇 가지 좋은 선택안이 도출될 때까지 여러 번 편집하고 복사본을 만들었다.

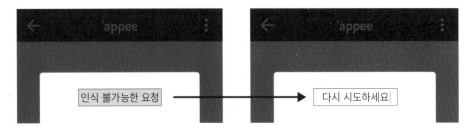

[그림 7-3]
편집을 시작하기 위해 스크린샷에 덧붙인 텍스트 박스에 새 단어를 입력한다.

괜찮은 대안이 도출될 때까지 반복해서 새로운 옵션을 만들었다([그림 7-4]). 편집 절차에 대한 더 자세한 내용은 5장을 참고하면 된다.

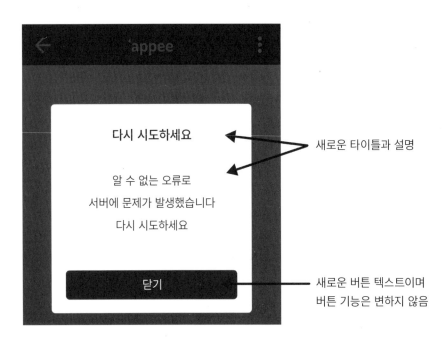

[그림 7-4]
[그림 7-1]의 에러 메시지를 편집한 결과로 텍스트 전반에 변화가 생겼다.

가장 나은 대안을 택해 콘텐츠 리뷰 문서('콘텐츠 리뷰 관리' 참고)로 팀원들과 공유했다. 팀원들이 디자인 맥락에서 UX 텍스트를 리뷰할 수 있도록 하면 새로운 표현이 어떤 효과를 보이는지 더 잘 이해할 수 있다.

| 디자인에서 초안 작성하기

디자이너와 협업할 때 새로운 경험이든 기존 경험의 업데이트이든 디자이너들은 주로 스케치, 피그마, 포토샵 등의 UX 또는 그래픽 디자인 툴에 작업 파일을 가지고 있다. 디자이너와 같은 툴을 이용하면 더 신속하게 UX 텍스트를 수정할 수 있고 더 효율적으로 디자이너와 소통할 수 있다.

디자인이 이루어지는 동안 디자인되고 있는 내용을 알 수 있다면 이상적일 것이다. 하지만 디자인을 다룰 때 협력하기 쉬운 툴은 별로 없다. 중요한 것은 툴 자체가 아니라 디자이너와 UX 라이터가 협력을 약속하는 것이다. 엔지니어들이 협력해서 프로그램을 만드는 것처럼 디자이너와 UX 라이터 역시 협력해서 디자인할 수 있다. 하지만 협력 디자인이 불가능하거나 힘들다면 디자이너와 UX 라이터는 디자인과 UX 텍스트를 수정하고 번갈아 가면서 텍스트와 디자인을 손볼 수 있다.

여러 가지 면에서 디자인 툴의 사용 방법은 스크린샷을 편집하기 위해 텍스트 박스와 렉탱글을 사용하는 방법과 유사하다. 텍스트가 독립적이건 그룹이나 상징, 요소의 일부이건 크게 상관없다. 텍스트 박스를 이용해 텍스트를 편집하고 작업했던 여러 가지 대안을 저장하기만 하면 된다. 스크린샷을 이용한 대안처럼 결국 디자이너나 팀원들과 공유할 수 있는 좋은 대안을 만들 수 있으면 충분하다.

콘텐츠 리뷰 관리

UX 콘텐츠 원고의 초안이 만들어지면 다양한 팀원의 리뷰를 거쳐야 한다. 여기에는 엔지니어, UX 연구원, 디자이너, 제품 매니저, 법무팀, 마케팅 담당 직원이 포함될 수 있다.

UX 라이터가 아직 콘텐츠를 책임지고 있으므로 이 큰 규모의 절차를 협력 작업으로 볼 수는 없다. 하지만 각 팀원의 피드백이나 아이디어나 우려가 충분히 다루어져야 한다. 모든 팀원이 사용자를 위한 최선의 경험이자 조직을 위한 최선의 결과를 만들고자 노력한다는 사실을 믿어야 한다.

리뷰 문서의 목적은 디자인을 위해 긴밀히 협조하는 작은 팀과 더 큰 규모의 검토자 그룹을 연결하는 다리 역할을 하는 것이다. 한곳에 모이지 않으면서도 팀 구성원이 제안하거나 의견을 남기고 그 의견과 제안을 주제로 토론할수 있다. 결과적으로 모두가 동의하는 UX 텍스트와 디자인이 완성되고, 텍스트를 복사하고 (재입력하는 대신) 코드로 붙일 수 있다.

팀 전체(법무, 엔지니어링, 마케팅, 디자인을 통틀어)가 이용할 수 있는 가장 쉽고 저렴한 툴은 마이크로소프트 워드나 구글 문서 같은 텍스트 문서이다. 더 다양한 공동작업용 툴이 널리 보급되고 수용되길 바란다. 하지만 아직은 내가 쓰고 있는, 다소 수동적으로 문서를 저장 및 공유하는 방법을 통해 온라인상에서 리뷰에 참여하는 팀 전체가 의견을 나눌 수 있도록 하고자 한다.

리뷰 문서에 화면 이미지를 포함하는 이유는 제안하는 텍스트가 어떤 위치에 놓이는지 볼 수 있도록 하기 위한 것이다. 그 옆에 화면용 텍스트를 편집할 수 있고 의견을 남길 수 있는 형태로 나열한다. 문서는 대안이 될 수 있는 아이디어나 변화를 줄 수 있는 부분을 위한 공간을 포함한다.

예를 들어, [그림 7-5]는 애피 4월 챌린지의 콘텐츠 리뷰 문서이다. 문서의 콘텍스트(상황 정보)를 맨 위에 배치한다. 이 경우 몇 개 챌린지가 필요한지, 이번 달 주제가 무엇인지가 콘텍스트이다. 그다음 디자인 문서에서 이미지와 텍스트를 복사, 붙이기 한다.

2019년 4월 챌린지

4월 요약

- 3개 비상 백업을 포함한 30개 챌린지
- 재질과 색깔: 봄과 부활절 색깔을 최대한 활용. 남반구는 가을이라는 점에 주목.

디자인	요소	제안 텍스트
1. 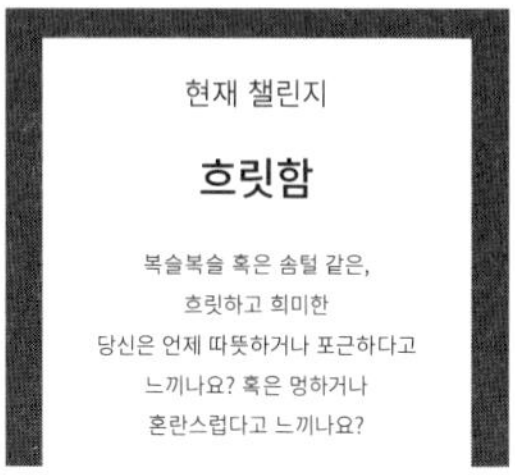 현재 챌린지 **흐릿함** 복슬복슬 혹은 솜털 같은, 흐릿하고 희미한 당신은 언제 따뜻하거나 포근하다고 느끼나요? 혹은 멍하거나 혼란스럽다고 느끼나요?	타이틀	흐릿함
	설명	복슬복슬한 또는 솜털 같은, 흐릿하거나 희미한 당신은 언제 따뜻하거나 포근하다고 느끼나요? 혹은 멍하거나 혼란스럽다고 느끼나요?
2. 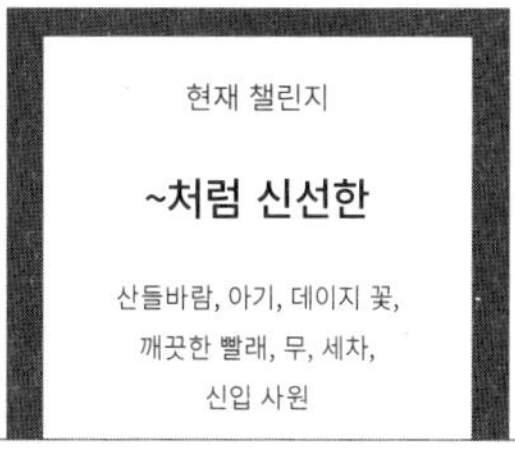 현재 챌린지 **~처럼 신선한** 산들바람, 아기, 데이지 꽃, 깨끗한 빨래, 무, 세차, 신입 사원	타이틀	~처럼 신선한
	설명	산들바람, 아기, 데이지 꽃, 깨끗한 빨래, 무, 세차, 신입 사원

[그림 7-5]

애피 팀이 검토할 4월 챌린지에 대한 콘텐츠 리뷰 문서

문서가 준비되면 리뷰할 모든 직원에게 전송한다. 대개 이메일이나 그룹 메시지를 이용하며 링크와 일정을 첨부한다. 다음은 발송할 이메일의 예시이다.

제목: 3월 25일 정오까지 4월 챌린지를 검토해주세요.

4월 챌린지에 대한 리뷰 준비가 완료되었습니다!

테스트를 위해 3월 26일 전에 코딩되어야 합니다.

3월 25일 정오까지 답이 없으시면 승인으로 간주하겠습니다.

다음 문서에 의견을 남겨주세요. {링크}

동료들이 의견이나 제안을 남기면 팀원 모두가 문서에서 그 내용을 볼 수 있다([그림 7-6]).

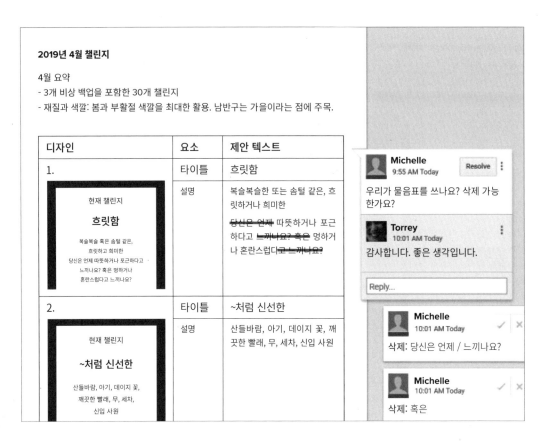

[그림 7-6]
미셸은 4월 챌린지의 리뷰 문서에 의견과 제안을 남겼다.

리뷰가 완료된 후 나는 디자이너, 개발자, 콘텐츠 관리 부서와 적절히 협력한 끝에 최종 텍스트를 발표한다.

텍스트 발표

최종 경험의 일부가 되려면 UX 텍스트 역시 코드의 일부가 되어야 한다. 일반적으로 최종 디자인과 텍스트 리뷰 문서가 첨부된 아이템이 엔지니어에게 할당된다. 엔지니어는 텍스트의 각 부분을 입력하고 각 텍스트의 목적, 콘텍스트, 특별한 접근성이나 현지화 지침을 견해로 남긴다. 코더coder는 필요하다면 에러 메시지를 덧붙일 수 있고, 이에 대해 UX 라이터, 디자이너, 프로덕트 오너가 모를 수도 있다.

코드와 에러 메시지를 비롯한 모든 요소에 대한 리뷰가 준비되면 UX 라이터는 코드 리뷰 요청을 받는다. 빌드build* 전에 오타를 잡고 디자인한 텍스트가 제대로 입력되었는지 확인할 수 있는 최적의 기회이다. 새로운 에러 메시지가 있다면 체크하고 혹시 필요하다면 대안이 될 수 있는 텍스트를 제안한다. 또한 엔지니어가 남긴 코드에 대한 견해가 콘텐츠의 목적을 반영하는지 확인한다.

UX 라이터가 UX 텍스트에 대한 업데이트를 발표할 수 있는 특별한 인터페이스를 내놓은 조직도 있다. 애피 챌린지의 경우 담당 팀이 새로운 코드를 발표하지 않고도 챌린지 텍스트를 업데이트하는 방법을 세우는 것이 가능하다. UX 라이터가 텍스트, 견해, 노트를 입력하는 담당자라면 다른 직원에게 오타 확인을 부탁하고 의견을 검증하는 것이 가장 바람직하다.

콘텐츠 작업 과정 점검

소프트웨어 개발 주기에서 UX 라이터만큼이나 폭넓게 작업 과정 전반에 관여하는 사람은 드물 것이다. 하지만 모든 업무가 완료되었는지 파악하고 그 과정을 추적하거나 우선순위를 매기는 확실한 방법은 존재하지 않는다.

---

* 소스 코드를 실행할 수 있도록 소프트웨어로 만드는 과정—옮긴이.

해야 할 업무가 많고 조직 곳곳에 분배되어 있다면 리더가 어느 정도의 일이 얼마나 진행되고 있는지 파악하기가 쉽지 않다. 가장 쉬운 방법은 처음부터 업무를 추적해서 파악하는 것이다.

나는 마이크로소프트 애저Microsoft Azure, 데브옵스DevOps, 지라Jira, 트렐로Trello 같은 워크 아이템, 버그, 티켓을 트래킹tracking하는 시스템을 즐겨 사용한다. 툴이 우리에게 필요한 데이터를 보유하고 있다면 얼마든지 이용할 수 있다. 기술팀, 디자인팀, 지원팀, UX 콘텐츠팀이 동일 시스템을 따르면 업무를 서로 주고받을 수 있다. 하지만 팀에서 사용하는 시스템이 일관되지 않으면 UX 콘텐츠를 위한 특정 시스템을 설치해도 좋다.

주어진 업무 아이템에서 내가 필요로 하는 가장 기본적인 정보는 다음과 같다.

- 업무의 정의
- 우선순위
- 현황
- 파일이나 파일 링크
- 티켓이 만들어진 날짜
- 마지막 수정이 이루어진 날짜

가장 간단한 예시로 내가 애피에 근무하고 있고 새로운 UX 콘텐츠를 작성한다고 가정한다. 애피는 챌린지를 플레이하는 사용자를 위해 새로운 다이렉트 메시지 기능을 추가할 것이다. 나는 그 기능을 위한 UX 콘텐츠 업무를 트래킹하고 파악하기 위해 워크 아이템을 연다.

프로덕트 오너가 업무 개시를 위해 미팅을 열고 나는 메모를 위해 새로운 문서를 시작한다. 워크 아이템에 그 문서의 링크를 추가한다. 프로덕트 오너의 문서에도 링크를 추가한다. 미팅에 끝날 때쯤 같은 워크 아이템에 화이트보드 사진을 추가한다.

나는 기존 UX 플로우의 다시 쓰기처럼 UX 콘텐츠 프로젝트로 개시하는 업무를 추적하기 위해 워크 아이템을 연다. 어떤 업무가 필요하든 그 업무를 위한 티켓을 만드는 데 단 몇 초가 소요되고 계속 추적하리라는 것을 알고 있다.

나는 각 업무 아이템을 팀원에게 할당하고 팀원은 담당 업무를 한다. 팀원은 승인을 담당하는 법률 파트너일 수 있고 텍스트를 코드화할 엔지니어일 수도 있다. 업무가 내게 주어지면 내 업무를 파악하고 팀원에게 주어지면 팀원역시 자신의 업무를 안다.

내가 체계적으로 작업할 때는 우선순위가 가장 높은 UX 콘텐츠 업무를 담당하고 있다는 자신감을 느낀다. 트래킹 시스템을 통해 업무를 상태, 우선순위, 할당받은 인물, 개발 날짜에 따라 분류할 수 있다. 나는 링크와 워크 아이템에 첨부된 콘텐츠를 이용해 업무를 체계화하고 다음 업무를 기억할 수 있다.

업무를 트래킹하면 '얼마나 많은 일이 남았는가'라는 질문에 제대로 답할수 있다. 업무 결정권자, 부서장, 제품 지휘자가 UX 콘텐츠가 가장 필요한 곳이 어딘지 질문할 때 워크 아이템을 분류하여 순서와 우선순위를 정확히 답할수 있다.

워크 아이템을 트래킹하면 콘텐츠 팀이 이바지한 바를 설명하고 우리가 얼마나 영향력 있는지 설명할 수 있다. 프로젝트나 리뷰가 끝날 때 팀과 우선순위에 따라 성과를 요약하기가 쉽고 영향력을 보여줄 수 있다.

요약: 툴은 목적을 이루는 수단이다

우수한 UX 콘텐츠를 만들기 위해 UX 라이터가 이용할 수 있는 툴은 다양하다. 하지만 UX 라이팅의 핵심은 이 툴에 숙달되는 것이 아니다. 스케치, 구글 독스, 엑셀 혹은 전문가 레벨의 도구를 쓴다고 더 나은 UX 라이터가 되는것은 아니다.

UX 라이터는 여러 가지 툴을 이용해 사용자와 경험을 구성하는 표현과의 상호작용에 대해 공감하고 분석할 수 있어야 한다. 우리는 경험의 잠재적 가능성을 풀어낼 수 있도록 우리가 가진 언어 기술을 통해 텍스트를 작성하고 편집하고 고쳐 써야 한다. 우리는 리뷰 프로세스를 통해 이해관계자를 이끌어 조직과 사용자의 목표를 충족할 수 있어야 한다.

8장

30일/60일/90일
계획

| 실패를 계획하는 사람은 없다. 계획에 실패하는 것뿐이다.

— 작자 미상

8장에서는 마이크로소프트, 오퍼업, 구글까지 3가지 다른 규모(350명, 150명, 50명)의 팀에서 30일, 60일, 90일 단위로 세웠던 업무 계획을 자세히 설명하고자 한다. 새 팀에 합류할 때마다 인터뷰를 하면서 다양한 기회에 대한 아이디어가 생기기도 했고 문제점을 느끼기도 했다. 내가 각 팀에 합류하게 된 공통적 이유는 그들이 첫째, 표현에 문제가 있다는 사실을 깨달았고, 둘째, 그 문제점을 바로잡는 방법을 몰랐기 때문이다.

실제 적용된 날짜 수는 원칙이 아니라 근사치이지만 대체로 팀원들은 비교적 정확히 내가 제시한 기준을 따랐다. 30일/60일/90일의 3가지 단계를 통해 램프업ramp-up* 작업이 철저하고 신속하게 이루어질 수 있었다(하지만 완벽하지는 않았다). 그들이 가진 목적은 표현을 수정하는 것이다. 이 방법을 통해 나는 협력과 반복을 위한 기초를 마련하고 경험 전체를 더 나은 방향으로 이끌 수 있었다.

최초 30일 또는 1단계: 무엇과 누구

최초 30일간은 경험과 경험 사용자 그리고 경험을 만드는 팀원을 알아가는 단계이다. 첫 단계에서 성공을 거두기 위해서는 각 요소에 중요한 사항이 무

---

* 예상되는 제품 수요 증가에 앞서 회사 생산량의 증가를 설명하기 위해 경제 및 비즈니스에서 사용하는 용어. 램프업은 제품 개발과 최대 용량 활용 간의 기간을 나타내며 제품 및 프로세스 실험 및 개선을 특징으로 한다—옮긴이.

엇인지 파악해야 한다. 동시에 팀원들이 콘텐츠에 투자하는 시간, 에너지, 비용이 그 가치를 발휘할 것이라는 신뢰를 구축해야 한다.

첫 번째 임무는 조직 전반에 걸쳐 최대한 폭넓은 관점을 가진 핵심 팀원 몇 명을 찾는 것이다. 이 두세 명의 동료는 몇 가지 특징을 가진다. 조직 전반에 걸친 폭넓은 식견을 보유하고 있으며, 조직이 도대체 왜 '표현을 수정해야 한다'라고 결정했는지 알고 있다. 만약 이들이 서로 다른 의견을 가지고 있다면 최상의 시나리오라고 할 수 있다.

일대일, 대면 회의를 통해 핵심 팀원에게 다음 질문을 던져야 한다. 팀을 구성하는 인물은 누구인가? 즉 우리가 만드는 경험에서 사용자가 마주할 내용을 결정할 사람은 누구인가? 마케팅, 디자인, 기술, 프로덕트 오너, 프로그램 매니저, 지원 에이전트support agent, 포럼 진행자, 트레이너, 법무팀, 비즈니스 분석 담당자, 경영진 중에서 해당하는 사람의 이름을 적는다. 가능하다면 조직도를 그리고 핵심 팀원에게 틀린 부분을 바로잡아 달라고 부탁한다.

미팅을 통해 파악한 5명에서 20명의 각 직원과 30분 미팅을 요청해야 한다. 미팅의 목적은 2가지이다. 첫째는 조직, 제품, 목표, 소비자에 대한 정보를 수집하는 것이다. 둘째는 그 직원들에게 당신을 알리고 업무 협조를 요청하는 것이다. 이 글을 쓰는 당시까지도 소프트웨어를 만드는 사람 대부분은 UX 라이터와 일해본 적이 없었을 뿐만 아니라, 비즈니스 목표를 충족하려고 노력하는 UX 라이터, 즉 UX 콘텐츠 전략가와 일해본 경험이 있는 직원은 더 드물었다. 일대일 미팅을 통해 UX 라이터와 UX 분야를 소개할 수 있다.

미팅을 준비할 때 "안녕하세요. 저는 프로젝트 X의 새로운 콘텐츠 담당자입니다. 귀하께서 제품과 팀에 중요한 인물이시라는 얘기를 듣고 연락드리게 되었습니다. 제가 업무에 대해 배울 수 있도록 도움을 주신다면 감사하겠습니다"라는 내용을 담은 초대장을 보낸다. 상대방에게 편리한 미팅 시간을 선택하고, 미팅과 미팅 사이에 충분한 시간을 확보해 배운 내용을 통합할 충분한 시간을 확보한다.

미팅에 앞서 슬라이드나 텍스트 문서 같은 빈 문서를 준비한다([그림 8-1]). 제목을 이용해 문서의 틀을 만들고 당신이 지금까지 파악한 정보를 입력한다. 정보를 얻는 시간이라는 사실에 집중할 수 있도록 '보기 좋게 다듬어진' 프레젠테이션이 아닌 자유로운 형식의 문서를 작성하는 것이 좋다. 또한 공유할 수 있으므로 미팅 대상자가 볼 수 있도록 링크나 문서를 만드는 것이 좋다.

미팅 전에 당신이 알고 있다고 생각하는 정보를 간략하고 훑어보기 쉬운 형태로 추가한다. 모르는 부분에 대해서는 빈 슬라이드나 항목으로 남겨둔다. 이 방법을 통해 1) 알고 싶은 것 2) 아직 모르는 부분 3) 이 정보의 공유가 당신에게 가치 있다는 사실을 전달한다. 이제 미팅에서 메모할 준비가 됐을 뿐 아니라 당신이 습득하고 있는 정보를 체계화하고 맥락을 짚을 수 있다.

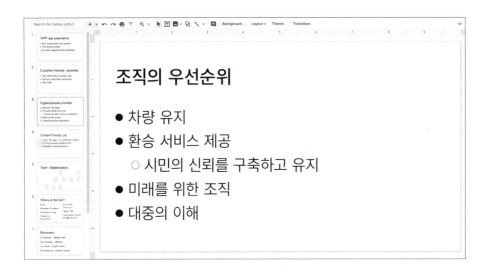

[그림 8-1]

내가 작성한 콘텐츠 전략 메모는 경험에 대한 다양한 항목으로 분류되어 있다. 내용은 사용자와 조직의 우선순위, 초기 콘텐츠 우선순위 또는 업무, 팀과 이해관계자의 조직도, 채널, 플랫폼, 전문용어, 검토자에 관한 정보를 추가할 수 있는 항목이다.

첫 번째 서류는 다음 항목을 포함한다.

1. 경험의 정의
2. 고객이 가진 동기
3. 조직이 가진 우선순위
4. 콘텐츠 전략의 우선순위
5. 팀/이해관계자
6. 기존 콘텐츠의 목록
7. 검토자
8. 전문용어

미팅 중 염두에 두어야 할 중요한 사실은 미팅 상대와 업무상의 관계를 맺기 시작하는 것이다. 이 목적을 달성하면서도 좀 더 많은 정보를 얻기 위해서는 경험, 고객, 비즈니스, 우선순위에 대해 의논해야 한다. 다른 주제가 대두된다면 일단 경청하고 메모한 후 다음 주제로 넘어가는 것이 좋다.

내가 질문했던 내용의 예시는 다음과 같다.

- 경험에서 가장 중요한 부분은 무엇입니까?
- 고객은 누구입니까? 고객은 설치하는 사람입니까? 사용자입니까? 아니면 경험에서 구매 활동을 합니까? 경험이 업무상 사용되는 것이라면 고객은 구매자인가요? 아니면 사용자인가요?
- 이들은 문제를 어떻게 즉각 해결하나요? 이 경험은 어떤 면에서 다른가요?
- 그들에게 중요한 것은 무엇입니까? 동기를 부여하는 것은 무엇입니까? 우선순위나 바람은 무엇입니까? 좋아하는 것은 무엇인지, 싫어하는 것은 무엇인지 알고 있습니까?
- 경험을 만들고 지원하는 사람 중에서 좋은 경험이 되도록 협력자 역할

을 하는 인물은 누구입니까? 그 인물들이 가진 동기, 희망, 바람은 무엇입니까?

- 조직이나 업계에서 우리에게 맞서는 존재가 있습니까? 반대로 호의적인 존재가 있습니까?
- 제가 힘써야 할 가장 중요한 점은 무엇입니까?
- 표현이 적합하지 않은 지점은 어디입니까? 표현을 수정한다면 가장 도움이 될 만한 곳은 어디입니까?

들고 질문하면서 문서를 제시하고, 가능한 한 메모를 많이 남기는 게 좋다. 이를 통해 당신의 우선순위 목록에 상대방의 우선순위를 추가하고 당신이 이해한 내용에 상대방이 제공하는 정보를 보태고 있다는 사실을 직접 보여줄 수 있다. 상대방이 말하는 내용이 이미 제기되어 있다면 확인하고, 수정할 만한 부분이 있는지 질문한다.

미팅과 미팅 사이에 배운 내용을 통합하는 것이 좋다. 필기한 내용이 지저분해질 수 있기 때문이다. 나는 문서에 바로 메모나 의견을 추가하기도 한다. 화이트보드나 종이를 이용했다면 나중에 내용을 합칠 수 있도록 사진으로 찍어둔다.

이 같은 미팅에서 얻을 수 있는 귀중한 지식 중 하나는 기존 콘텐츠의 목록이다. 콘텐츠 전문가 없이 작업했던 팀에서는 콘텐츠를 전부 파악하는 직원이 아무도 없던 경우도 있었다. 즉 경험의 사용자가 마주할 수 있는 모든 콘텐츠에 대해 일관성 있는 견해를 가진 사람이 없었다.

그러므로 누가 폴더, 보관소, 콘텐츠 관리 시스템 또는 다른 형태의 UX 콘텐츠(예를 들어 UX 텍스트, 도움말 콘텐츠, SNS 기록, 이메일, 공지, 홈페이지, 미리 준비된 답변)를 언급하면 나는 그 내용을 메모에 추가한다. 사용자의 경험에 영향을 줄 수 있는 어떤 콘텐츠라도 콘텐츠 스토리의 일부가 될 수 있다. 이 콘텐츠는 내가 작업하지 않더라도 반드시 알아야 할 내용이다.

또한 나는 특별하거나 색다른 의미가 있는 표현을 들을 때마다 특히 귀를 기울인다. 그리고 전문용어 목록에 삽입되기 전 단계의 표현이라는 메모를 남긴다. 용어 목록을 작성할 때 이 표현을 최대한 정의하려고 애쓴다. 이 용어가 언급되면 내가 이해한 바가 맞는지 팀원과 확인하고 수정한다. 일반적이고 공유할 수 있는 툴을 사용함으로써 명료성을 극대화할 뿐만 아니라 우리가 사용하는 전문용어에 대해 팀원이 공통으로 이해할 수 있도록 돕는다.

경험에 대한 당신의 이해도가 증가하면 경험의 전체 주기를 그려보도록 한다. [그림 1-9]의 주기를 바탕으로 팀원과 함께 당신이 작업하고 있는 경험에 맞게 조절한다. 사용자가 경험을 조사, 검증, 실행, 준비한 후 사용하고, 바라건대 선호하게 되는 경험의 여정 전체를 그린다. 그런 다음 경험과 조직 및 경험을 구매/사용할 사용자가 처한 상황의 현실을 반영할 수 있도록 각 항목의 길이를 조절한다([그림 8-2]).

경험을 그린 후 메모에 추가한다. 미팅을 계속 진행하면서 경험이 원활하지 않다고 생각하는 부분이 어디인지 주기를 참고하면서 팀원에게 질문한다. 또한 당신이 어떤 일을 할 것인지 설명할 때도 주기를 이용하면 좋다. 당신은 조직과 조직이 제공하는 경험을 사용할 사용자를 위해 주기의 바퀴가 원활히 돌아가도록 도울 콘텐츠를 창조할 것이다.

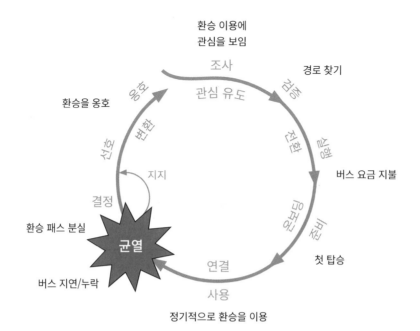

환승 이용에
관심을 보임

경로 찾기

조사

관심 유도

검증

환승을 옹호

옹호

변환

선언

전환

실행

버스 요금 지불

지지

결정

온보딩

연결

온보딩

환승 패스 분실

균열

첫 탑승

버스 지연/누락

연결

사용

정기적으로 환승을 이용

[그림 8-2]

TAPP 경험을 보여주는 선순환 주기이다. 시민이 환승 이용에 관심을 보일 때 TAPP은 시민의 관심을 유도하고, 알맞은 경로와 요금을 제공해 시민을 사용자로 전환하며, 요금과 패스를 판매하여 사용자의 온보딩을 돕는다. 이제 사용자는 TAPP을 사용한 첫 탑승을 시작하고, 경험이 원활하게 진행된다면 정기적으로 환승을 이용하는 단계까지 연결될 수 있다. 사용자가 TAPP 사용 경험에 매우 만족한다면 환승 시스템 이용을 적극적으로 지지하게 되고 다른 시민이 TAPP을 사용하도록 유도할 수 있다.

늦어도 두 번째 주가 끝날 때쯤에는 표현을 고치는 데 필요한 중요한 요청을 받기 시작하는 게 좋다. 예를 들면 "이 이메일을 재작성할 수 있을까요? 이 에러 메시지에 들어가야 할 내용은 무엇일까요?" 등이 될 수 있다. 나는 조직과 경험에 대해 배우기 시작하면서 동시에 초안 쓰기 업무를 시작한다. 글쓰기가 경험과 융합되어야만 전략도 역시 적용될 수 있다.

이 같은 초안 쓰기 업무는 경험을 사용할 사용자가 누구인지, 조직의 목적은 무엇인지, 사용자와 조직의 우선 과제가 UX로 어떻게 표현될 수 있을지에 대해 당신의 머릿속에 생겨나는 아이디어를 테스트할 훌륭한 기회이다.

또한 당신의 업무를 보여줄 기회이기도 하다. 즉 목표와 목적, 성공을 평가하는 방법, UX 텍스트를 디자인에 구현하는 방법에 대해 질문하는 것이다. 또한 디자이너의 파일이나 파일의 복사본을 가지고 일할 수 있는 첫 번째 기회일 수도 있다. 어쩌면 비효율적인 텍스트가 제시된 화면의 스크린샷을 가지고 다른 텍스트를 고안하기 위해 편집을 할 수도 있다(5장 참고). 텍스트 변경을 요청한 직원은 새로운 표현을 이메일이나 채팅 메시지를 통해 받을 것으로 생각했겠지만 당신은 이번 기회에 UX 텍스트가 항상 디자인의 일부임을 염두에 두고 사용자가 마주하는 것과 같은 방법으로 검토해야 한다는 사실을 보여줄 기회로 삼아야 한다.

새 텍스트를 작성하기 전에 보이스나 톤에 관한 기존 자료가 아직 메모에 없다면 찾아보아야 한다. 자료는 브랜드 가이드라인, 보이스 차트, 스타일 가이드, 원칙에 포함되어 있을 수 있고 아예 없을 수도 있다.

당신이 지금까지 파악한 지식을 토대로 좋은 콘텐츠가 될 만한 적어도 3가지의 대안을 작성한다. 사용자가 UX 텍스트에 대해 가진 목적과 조직이 화면에 대해 가진 목적을 최대한 충족할 수 있도록 효과적인 UX 텍스트를 작성한다. 최대한 다양한 대안을 도출하도록 노력한다. 당신이 제시한 3가지 대안을 가지고 팀 전체는 UX 텍스트의 목적에 관한 토론을 할 수 있고 또한 표현에 대해 UX 라이터가 발휘할 힘을 이해하게 될 것이다.

텍스트를 요청한 직원에게 당신이 제시한 3가지 대안이 좋은 선택이 될 수 있는 이유를 설명해야 한다. 나는 많은 경우에 여기서 문제를 제대로 알게 되었고, 더 다양한 대안을 고안해야 한다는 사실도 깨달았다. 이 고쳐쓰기 작업은 프로세스에서 자연스러운 부분이며 나는 이 작업을 통해 현실성 있는 실전 수준에서 경험과 조직을 이해할 수 있게 되었다.

텍스트 대안 중에서 하나 이상에 동의하면 다음의 질문을 던져야 한다. "이 대안을 검토해야 할 다른 직원은 누구일까요?" 인터뷰에서 파악한 직원의 이름을 제시해도 좋고 다른 직원이 추천하는 사람에게 의뢰해도 좋다. 첫 번째 검토 요청을 보내면서 당신이 추천하는 대안을 먼저 나열하고 차선책 한두 가지를 이유와 함께 덧붙인다.

첫 번째 30일이 끝나갈 무렵이면 만나야 할 직원 대부분을 만났을 것이고, 필요한 미팅에 거의 참석했을 것이며, 그룹 이메일이나 채팅방 같은 사내 소통 채널에 속해 있고, 첫 번째 텍스트 초안을 완료했을 것이다.

이 단계에서 작업 초기 서류는 적어도 다음 사항을 포함한다.

1. UX 콘텐츠를 만들거나 향상하기 위해 우선순위로 다뤄야 할 업무 리스트
2. 경험 사용자의 동기와 우선순위
3. 조직의 우선순위와 제약사항
4. 목록의 시작: 채널, 전문용어, 콘텐츠 검토자
5. 첫 번째로 중요한 콘텐츠 작업의 링크나 이미지

팀원들과 새로운 관계를 맺고 노트에 필요한 정보가 꽉 차 있다면 당신은 이제 2단계에 진입할 준비가 된 것이다.

30일~60일 또는 2단계: 화력과 기반

2단계에서는 업무의 절반이 긴급한 업무에 소모될 것이다. 긴급 업무 작업을 하면서 콘텐츠 개발 플랫폼을 테스트하고, 실행하며, 기초 부분을 만들고 이를 통해 향후 업무가 원활하고 신속하게 이루어질 수 있을 것이다. 또한 당신은 팀과 경험 그리고 경험 사용자를 더 잘 이해할 수 있게 된다. 더욱 중요한 점은 팀과의 신뢰 형성에 도움이 되는 것으로, 팀원이 텍스트의 수정이 필요하다고 요청하면 당신이 그 문제를 해결하게 될 것이다.

이 두 번째 단계에서 가장 중요한 것은 더 크고 체계적인 변화에 더 큰 노력을 기울여야 한다는 점이다. 두 번째 단계에서 UX 텍스트가 최선의 결과물이 될 가능성은 드물다. 만약 일관되지 않다면 일관성이 아직 정의되지 않았

기 때문이다. 만약 이상적 보이스를 반영하지 못한다면 보이스가 정의되지 않았기 때문이다. 체계적 변화에서 좋은 결과를 내기 위해서 업무를 개발 일성에 맞춰 전략적으로 조절하고 우선 처리해야 한다. 이를 통해 팀과의 업무 혼란을 피하고 당신의 의도가 훼손되지 않도록 할 수 있다.

체계적 변화가 시작되기 전인 지금이 UX 콘텐츠가 조직과 사용자의 목표를 어떻게 충족할지 그 기준점을 평가할 타이밍이다. 경험에서 '균열이 일어난 벽'을 점검할 시간이다. 사용자가 경험에서 이탈하는 지점이 어디인지, 경험으로의 연결에 실패하는 지점은 어디인지, 구매나 실행을 결정하는 시점은 언제인지에 대해 팀원들이 제대로 파악하고 있지 않다면 변화를 알아챌 수 있는 평가나 조사를 통해 구체화하고 지지할 좋은 기회이다.

또한 스스로가 경험을 이용해보고 기록으로 남기고 스크린샷을 찍어두는 것도 좋다. 기존의 사용성 조사 자료가 있다면 최대한 자세히 파악한다. 그런 다음 기존 콘텐츠에 휴리스틱 자료를 적용한다.

이제 당신이 파악한 사항에 대한 초기 보고서를 작성하고, 경험 사용자의 행동과 정서에 대해 파악한 바와 휴리스틱을 바탕으로 한 콘텐츠 사용성 기록표를 그 내용에 포함한다. 이 초기 보고서에는 원활한 업무, 원활하지 않거나 우선순위로 다루어야 할 업무를 명시한다.

초기에는 경험 제작에 가장 직접적으로 관여하는 팀원과 비공식적으로 이 보고서를 공유할 수 있다. 팀원의 기존 업무에서 생긴 문제점에 대한 윤곽을 드러내는 보고서이므로 지나치게 공개적으로 공유하는 것은 바람직하지 않다. 당신이 합류하기 전에 경험을 만들던 직원 모두가 최선을 다했고 마땅히 그에 대해 존중하는 마음을 가져야 한다. 경험이 개선된 다음 이 초기 보고서를 바탕으로 향상된 바를 평가할 수 있다.

나는 개별적 콘텐츠 요청과 평가에 대해 작업하면서 기초적 요소들을 준비해, 더욱 빠르고 효과적으로 업무에 임하고 협력할 수 있도록 했다. 또한 콘텐츠 창조, 공유 및 조직에 관한 툴을 준비했다. 그 내용은 코드 환경, 팀과 통합할 수 있는 파트너십과 절차, 완료되어야 할 업무를 추적, 관리하고 우선순위를 정하는 것이었다.

| 부분과 전체를 파악하기(트래킹)

첫 번째 30일 기간이 마무리될 때쯤이면 처리해야 할 콘텐츠 업무의 기본 스케치가 완성되었을 것이고 업무 요청이 밀려들기 시작할 것이다. 단일 UX 텍스트를 다루는 요청도 있겠지만 경험 전반에 걸친 텍스트, 에러 메시지, 문서와 비디오, 알림 등 수많은 요소를 다루어야 할 경우도 있을 것이다.

디자이너, 연구원, 임원, 서포트 에이전트, 법무팀과 함께 콘텐츠를 만들고 검토하거나 코드에 맞출 수도 있고 여러 가지 프로젝트를 함께 작업하는 날도 있을 수 있다. 그러니 팀이 트래킹 시스템(7장, '콘텐츠 작업 완료 과정 점검하기' 참고)을 어떻게 사용하는지, 트래킹 시스템을 중심으로 UX 콘텐츠 업무를 위한 정보를 어떻게 모으고, 우선순위를 정하고, 체계화하는지 파악해야 한다. 트래킹 시스템을 활용하면 당신과 팀은 밀려드는 업무의 홍수에서 살아남을 수 있다.

모든 UX 콘텐츠 업무에 대한 트래킹이 완료되면 필요한 UX 콘텐츠의 범위와 규모를 파악할 수 있다. 어느 부분에 업무가 몰려 있는지, 조직 내에서 충분한 교류를 하지 못한 부분은 어디인지, 경험의 어느 부분을 아직 검토하지 못했는지 한눈에 볼 수 있다. 두 번째 30일 기간 중 혹시나 있을지 모를 업무의 사각지대를 파악하면 앞으로 발생할 수 있는 문제를 예방할 수 있다.

| 실행 가능한 최소한의 프로세스

다루어야 할 업무를 파악하면 그 규모를 알 수는 있지만 그렇다고 실전에 도움이 되는 것은 아니다. 두 번째 30일 기간에 기술, 디자인, 제품 팀과 툴체인toolchain 미팅을 하고 UX 텍스트 퍼블리싱과 코드 리뷰 절차를 확인한다. 첫 30일 기간에 이루어진 프로젝트 몇 가지를 통해 콘텍스트 설정에 도움을 얻을 수 있다. 그 전달 방법은 효과적이었는가? 피드백이 있었는가? 사용자의 입력을 돕는 가장 나은 방법은 무엇인가?

직원들이 당신에게 무엇을 기대하는지, 무엇을 필요로 하는지, 함께 사용하길 원하는 툴은 무엇인지 경청해야 한다. 반복 가능한 업무가 될 수 있도록 유도하면 당신의 업무 강도가 낮아질 뿐 아니라 관련 당사자 모두가 당신에게 기대할 수 있는 바를 파악할 수 있다. 협력 툴을 통해 가장 단순한 프로세스를 만드는 것이 좋다.

프로덕트 오너, 마케팅부, 사업주에게 프로세스에 대한 피드백을 요청한다. 시스템과 최적의 조화를 이루려면 어떤 부분에 변화가 필요한지 질문한다. 언제 어떻게 당신이 개입할 수 있고, 언제 어떻게 그들이 협력할 수 있는지 이해할 수 있도록 설명한다. 엔지니어에게 업무 아이템을 할당하는 방법과 엔지니어의 코드 리뷰 시스템을 활용하는 방법을 파악해두면 좋다.

어느 팀이든 조직의 의사 결정권자가 새로운 UX 콘텐츠 담당에게 이렇게 말할 것이다. "텍스트의 모든 부분을 리뷰하고 싶습니다." 내 경험상 의사 결정권자의 발언에는 진심이 담겨 있었고 변화가 생길 때마다 파악하고 싶어 했다.

그들은 텍스트의 변화로 조직의 법적 책임이 혹시 커지지는 않을지 확인하길 원했다. 또한 텍스트가 조직의 브랜드를 정확하게 반영하길 원했다. 그뿐만 아니라 표현이 경험에 '어울린다는' 직감을 느끼길 원했다. 의사 결정권자가 즉각 UX 콘텐츠 프로세스에 참여하도록 한다면 그는 당신의 업무에 더 이상 참견하지 않고 자신의 업무로 돌아갈 것이다. 기본적 콘텐츠 프로세스 도안을 그려서 제시하고 의사 결정권자가 적극적으로 의견을 피력할 수 있는 지점이 어디인지 설명하는 것이 좋다([그림 8-3]). 도안을 제시하면서 "이 지점에서 같이 검토할 수 있습니다. 그때 피드백을 주시면 반영하겠습니다"라고 설명하면 된다.

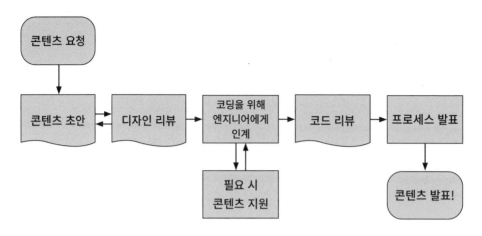

[그림 8-3]
UX 콘텐츠의 기본 프로세스는 요청, 초안, 리뷰, 코딩, 코드 리뷰, 발표의 절차를 따른다.

| 콘텐츠 전략 기록

좋은 결과를 얻기 위해서는 콘텐츠의 결합 조직에 대해 체계적으로 생각해 볼 필요가 있다. 핵심 전문용어와 경험 사용자의 대화를 반영하는 보이스가 그것이다.

이 같은 콘텐츠 디자인의 기본을 스스로 파악할 뿐만 아니라 팀 역시 콘텐츠의 제도적 중요성을 이해해야 한다. 콘텐츠 전략을 기록하면 조직에 어떤 방식으로 도움이 되는지 설명하는 데 이점이 생긴다. 문서를 만들려면 시간과 에너지가 소요되겠지만 나중에 큰 도움이 된다.

내부 전략을 문서로 만드는 목적은 향후에 전략적 결정을 더 쉽고, 빠르고, 일관되게 하는 데 있다. 콘텐츠 전략은 다음과 같은 목적을 위해 만들어진다.

- 보이스 차트는 콘텐츠 생성과 수정의 방향을 제시하고 좋은 텍스트 옵션 중에서 최종 선택을 내릴 때 도움이 된다.
- 전문용어 목록은 일관성을 높이고 경험에서 제시되는 특정 콘셉트를 선택할 때 재검토에 걸리는 시간을 줄인다.
- UX 콘텐츠 검토자 목록은 정치적 문제를 초래하지 않으면서 전략적으

로 콘텐츠 프로세스에 포함될 인물을 포함하거나 제외할 수 있도록 한다.

- 우선순위와 목표를 문서화하면 핵심 UX 문제를 정의할 수 있으므로 콘텐츠에 집중할 수 있고 해결하는 데에도 도움이 된다.

이 문서는 첫 30일 기간에 작성한 메모에서 출발했고 향후 개선될 것이다. 따라서 정기적으로(적어도 1년에 한 번) 재검토하고 조직적 변화가 생길 때마다 업데이트해야 한다.

2단계가 마무리되고 있다는 사실을 어떻게 알 수 있을까?

다음 목록이 완성되었는지 확인한다.

- 신규 콘텐츠 창출
- 트래킹 시스템과 프로세스 확보
- 부실한 콘텐츠 업데이트 완료
- 법적으로 민감한 텍스트에 대한 법무팀의 승인
- 브랜드에 민감한 텍스트에 대한 마케팅부의 승인

적어도 다음 사항이 드러나야 한다.

- 본인을 포함해서 UX 텍스트를 책임지는 직원 명부
- 개별 텍스트에 대한 가벼운 요청
- 초기 디자인 고안에 적극 참여

다음 전략적 업무의 75퍼센트가 완료되어야 한다.

- 콘텐츠 업무를 위한 트래킹 시스템
- 동기와 우선순위에 대한 정렬
- 기존 콘텐츠에 대한 지식과 접근 방법

- 전문용어 목록
- 보이스 차트

내 경우, 더 많은 것을 이룰 준비가 되었다고 느껴지면 2단계가 마무리되었다는 신호로 간주한다. 이제 가장 긴급하고, 산만하며, 전술적인 업무가 완료되었고 중요한 기초가 마련되었다. UX 콘텐츠는 경험의 질과 효율성에 막대한 영향을 미칠 준비가 되었다. 이제 3단계이다.

60일~90일 또는 3단계: 급성장

전략이 거의 완성되었다. 이제 전략 전반을 제시할 때가 되었다. 프레젠테이션의 이상적 결과는 견고한 기초를 다지는 것이다. 당신의 소속 팀과 리더는 콘텐츠 전략이 합의에 따라 신중하게 만들어졌고 목적이 분명하다는 자신감을 가져도 좋다. 전략에 최종 승인함으로써 업무를 검증하고 지지할 수 있다.

업무에 대한 커뮤니케이션은 대단히 중요하면서도 가장 달성하기 힘든 부분이기도 하다. 프레젠테이션은 날짜와 관련된 모든 항목을 포함한다. 즉 트래킹 프로세스와 현재 업무의 목록, 콘텐츠 배치, 동기와 우선순위의 정렬, 전문용어 목록, 보이스 차트가 그 내용에 해당한다. UX 콘텐츠 전략에 대한 요약은 견고하므로 중요한(혹은 논란의 여지가 있는) 아이디어가 모두 포함되지만, 시간이 넉넉히 할당되지 않았기 때문에 충분히 다듬어지지 않았다.

이상적인 경우라면 프레젠테이션에 참석한 모든 직원이 전략을 세우는 프로세스에 참석하는 것이 옳다. 모두가 자신의 업무와 조언의 결실뿐만 아니라 UX 담당자의 업무 성과를 직접 확인할 수 있다.

이 시점에서 프레젠테이션 도중과 종료 후에 피드백을 얻는 것이 좋다. 현재 시점에 꼭 필요한 수정을 통해 사후 성공을 보장할 수 있기 때문이다. 전략이 틀렸다는 피드백을 주는 직원이 있다면 그 의견에 감사함을 느껴야 한다.

전략이 틀리지 않았다면 단순히 프레젠테이션이 가려운 데를 긁어주지 않았기 때문에 그런 반응을 보였을 것이다. 전략이 그 의견대로 틀렸다면 수정할 기회를 일찍 얻은 사실에 감사해야 한다. 이제 UX 업무를 시작한 지 겨우 두 달(혹은 석 달)째이므로 조정하기에 최적의 시기이다. 피드백이 있다는 것만으로도 좋은 신호이다. 직원들이 관심을 기울이고 있다는 의미이기 때문이다.

석 달째를 시작으로, UX 라이팅을 트래킹하고 우선순위를 정할 지속 가능한 방법을 모색해야 한다. 콘텐츠 변화를 위해 요청에 응답하고 요청을 해야 마땅하다. 팀과 협력해서 새로운 경험을 디자인하고, 경험 사용자가 마주하는 표현을 지지하고, 적용하며, 전략을 재조정하고 수정 및 변경해야 한다.

경험 콘텐츠를 만드는 프로세스가 매우 양호하여 콘텐츠 전략을 통해 조직을 위해 할 수 있는 영역을 넓힐 수 있다면 3단계는 마무리될 수 있다. 이제 현장 동향을 파악하고 경험에 관련된 나머지 콘텐츠를 점검할 시기이다. 마케팅, 운영, 연구 팀과 관계를 강화하는 것이 좋다. 업계 내 다양한 기회(콘텐츠 초안을 작성하는 머신러닝을 이용한 콘텐츠 로봇 등)를 찾아보고 새로운 연구(타이틀, 라벨, 접근성, 포함에 관한 좋은 여러 사례)에도 관심을 기울이는 것이 좋다. 아직 '수정'이 필요한 표현이 있겠지만 새로운 UX 콘텐츠는 최초로, 전략적으로 만들어질 것이다.

요약: 표현을 바로잡으려면 견고한 기초를 마련하라

조직의 목표와 사용자의 목표를 충족하는 효과적인 UX 콘텐츠를 만들기 위해 먼저 목표와 팀원을 이해하고, 이미 진행된 업무를 파악하고, 어떤 일을 진행할 수 있는지를 이해해야 한다. 2단계에서는 사후 업무의 효과를 체계화하고 보여줄 수 있는 기초를 단단히 하면서 동시에 시급한 문제 해결에 주력한다. 3단계는 더욱 효과적일 수 있도록 콘텐츠 툴의 힘을 이용하는 시작 단계이다.

30/60/90일 계획에서 이뤄낸 많은 콘텐츠 결과물이 있지만, 업무를 투명하게 실행하는 것과 팀원들과의 협력이 가장 중요하다. 보이스와 전문용어 프레젠테이션에서 콘텐츠 전략을 제시함으로써 팀원과 경영진은 우리가 새로운 힘 있는 도구를 가지게 되었다는 사실을 이해한다. 콘텐츠 업무를 공개하면서 UX 콘텐츠가 기술, 디자인, 조직의 목표를 달성하고 사용자를 지지하기 위해 어떤 방향으로 나아가야 하는지 이해한다. 이 업무 프로세스를 통해 고통의 근원이었던 UX 콘텐츠는 가치를 인정받게 된다.

9장

업무의
우선순위

지금 적극적으로 실행하는 괜찮은 계획이
다음 주의 완벽한 계획보다 낫다.

— 조지 패튼George S. Patton, 미육군 대장

UX 콘텐츠의 목적은 두 가지 범주, 즉 조직과 경험 사용자의 목표를 충족하기 위한 것이라는 사실을 꼭 기억하길 바란다. 그 두 가지 목표를 충족하기 위해 사람들의 의견에 귀를 기울이고, 업무의 우선순위를 정하며, 팀원과 협력해야 한다.

긴급한 업무와 중요한 업무 결정하기

조직과 경험 사용자의 우선순위가 분명하더라도 업무의 우선순위를 결정하는 일은 힘든 과제이다. 업무 기록과 절차가 확립되어 있더라도 먼저 해야 할 일이 무엇인지, 다음 과제가 무엇인지 정하기는 힘들다.

나는 UX 콘텐츠 업무를 할 때 중요도와 시급성에 따라 업무를 분류하는 '아이젠하워 매트릭스Eisenhower Matrix'를 즐겨 사용한다([표 9-1]). 모든 업무나 과제가 시급한지 시급하지 않은지, 중요한지 중요하지 않은지의 기준으로 분류될 수 있다. 다음과 같은 4가지 분류 항목을 적용할 수 있다.

- 시급하고 중요한 업무는 우선 처리되어야 한다.
- 중요하지만 시급하지 않은 업무는 여유를 두고 일정을 잡는다.
- 시급하지만 중요하지 않은 업무는 그 일을 중요하다고 생각하는 직원에게 위임해야 한다.
- 시급하지도 중요하지도 않은 일은 생략해야 한다.

[표 9-1] UX 콘텐츠 업무에 적용한 아이젠하워 매트릭스

	시급함	시급하지 않음
중요함	**처리할 업무** 새로운 경험 디자인 디자인, 기술, 연구 시작 법적 책임에 영향을 주는 텍스트 작성	**일정** 기존의 어색한 텍스트를 수정 효율성과 사용성 조사 보이스와 전문용어 업데이트 디자인 전략에 대한 협업
중요하지 않음	**위임할 업무** 일반적이거나 극단적인 경우, 또는 에러 텍스트의 초고	**생략할 업무** 문법에 대한 논쟁(예를 들면, 문장 끝에 놓이는 전치사)

시급하면서도 중요한 업무는 다른 어떤 업무보다 우선되어야 한다. 다른 직원과 함께 작업하고 있는 업무, 예를 들면 새로운 경험을 코딩하거나 현재 경험을 업데이트하는 개발자와의 공동 업무, 오류 발견으로 개발자가 에러 메시지를 제작해야 하는 경우를 들 수 있다. 디자이너와 연구자가 개입하는 장래의 디자인과 연구도 여기에 포함된다. 디자이너는 디자인을 검토하기 전, 코딩 전에 충분한 기간을 두고 가능한 한 최고의 표현을 제안해야 한다. 연구진은 사용성과 콘셉트 연구에서 최고의 표현을 찾아서 나중에 가장 유용하게 쓸 수 있다.

업무가 중요하지만 시급하지 않다면 워크 트래킹 시스템과 일정 관리를 통해 관리할 수 있다. 아무도 진행하고 있지 않은 모든 콘텐츠가 여기에 포함된다. 이에 해당하는 경험과 관련된 새로운 콘텐츠를 만드는 시간을 마련하고 프로젝트를 이끌어갈 수 있다. 이 같은 변경 사항은 가볍게 다룰 수 있는 내용이 아니다. UX 라이터가 원하는 변경 사항과 그 변화가 만들 영향에 대해 충분히 소통해야 한다. 여기에는 지금의 콘텐츠가 부족한 이유와 변경에 따른 효과를 어떻게 평가할지를 명확히 밝히는 업무도 포함된다.

긴급하지만 중요하지 않은 업무는 경험 사용자와 조직의 목표를 충족시키는 데 큰 도움이 되지 않을 가능성이 크다. 이에 해당하는 텍스트를 작성하는

업무는 그 업무를 가장 중요하게 간주하는 팀원에게 할당하는 것이 바람직하다. 초기 UX 라이팅을 다른 직원에게 맡기는 것이 이상할 수 있지만, 콘텐츠에 대해 팀원이 바라는 바를 표현할 수 있도록 하는 좋은 방법이 될 수 있다. 팀원이 과다한 표현을 쓸 수 있지만 필요하다면 그 직원의 의중을 분명히 파악하고 명료화할 수 있다. 이 과정을 통해 시간을 절약하고 더 견고한 파트너십을 쌓을 기회로 활용할 수 있다.

중요하지도 시급하지도 않은 업무는 전혀 처리하지 않아도 괜찮다. 문법, 콤마, 하이픈 사용 같은 사항이 이에 해당한다. 하지만 텍스트의 변화가 구 전체의 의미를 바꾸는 경우는 예외이다. 모두가 조직과 경험 사용자의 목표를 충족하는 최고의 방법을 찾고 있다면 논쟁은 팀 전체의 건전한 의사소통을 이루는 중요한 요소가 된다. 하지만 표현 담당자의 결정이 신뢰받을 수 있는 협력을 이루는 것이 더 중요하다.

공감을 바탕으로 한 콘텐츠

경험을 만들 때 우리는 경험을 이용할 사용자에게 관심을 기울일 필요가 있다. 그러지 않으면 우리의 목표를 충족시키는 경험을 만드는 핵심 업무에 실패할 수 있다.

관심의 뿌리는 경험 사용자를 믿는 것이다. 사용자의 경험은 우리의 경험과 유사할 수 있지만, 말 그대로 상상조차 할 수 없는 것일 수도 있다. 그렇다고 해서 꼭 상상해야 하는 것은 아니다. 우리는 실제 인간이 무슨 말을 하는지 듣고, 어떤 행동을 하는지 관심을 기울이고, 그들의 이야기를 우리가 듣고 있다고 믿어야 한다.

인간이 타인의 이야기를 들을 때 관심에 대한 화학 물질인 옥시토신이 분비된다. 라이터가 타인의 이야기를 들으면 옥시토신뿐만 아니라 그 이상을 얻을 수 있다.

라이터는 단순히 듣는 행위에서 금광을 발견할 수 있다. 사람들은 이야기할 때 자신이 인식할 수 있는 표현을 사용하는 경향이 있다. 라이터는 듣기를 통해 말하는 사람이 이미 이해하고 있는 문법을 배운다. 라이터는 또한 그 사람의 경험에서 구체화된 용어에 담긴 감정을 알 수 있다.

라이터가 그 표현을 사용하면 사용자는 무언가를 읽고 있다는 사실을 인식하지 못한 채 연결되는 경험을 할 수 있다.

효과적인 UX를 쓰기 위해서는 경험 사용자의 관심과 니즈와 표현을 이해해야 한다. 나가서 그들의 목소리를 듣자. 사용자에게 다가가 귀를 기울이자. 사용자 인터뷰 동영상을 보고 사용자의 관심을 이해하려고 노력하자. 이런 연구를 통해 사용자가 어디에서 왔는지, 우리의 관점과 얼마나 어떻게 다른지 알 수 있다.

조직 밖의 사람들과 이야기하는 동안 팀원을 잊어서는 안 된다. 팀원과 그들의 의견, 관점, 견해, 사전 지식도 경험에 막대한 영향을 준다. 마케팅 책임자, 제너럴 매니저, 디자인 팀장, 기술팀장, 코딩 엔지니어, 프로그램 매니저, 프로덕트 오너, 디자이너, 판매 및 지원 에이전트를 비롯한 조직 내 수많은 직원이 훌륭한 경험이 탄생할 수 있도록 애쓰고 있다.

모두가 그리고 누구나 표현에 대한 의견을 가질 수 있다. 그러나 전담 UX 라이터가 없다면 그 의견을 사용하지 못할 수 있다.

UX 콘텐츠를 팀에 소개하기

조직에서 콘텐츠 담당자로 처음 고용되면 직원들은 당신이 '올바른 표현을 고르는 사람'이나 '표현을 점검하는 사람'이라고 생각하기 쉽다. 즉 '설명이 필요'하거나 '이해가 필요'한 표현의 문제로 받아들일 수 있다. 아니면 '버튼에 적절한 표현이 필요'하거나 '화면에 단어가 필요 이상으로 많은 경우'처럼 UX의 문제로 볼 수도 있다.

'표현이 필요'한 경우는 UX 라이터로서 해결할 문제가 아니다. 우리는 소통한다. 우리는 행동을 일으킨다. 우리는 사용자의 충성도를 유발한다. UX 라이팅은 문제를 해결하는 수단이 될 수 있다는 사실을 팀원들이 알아야 한다. 해결할 수 있는 문제를 보여주는 것이 우리의 업무이다.

프로그래밍의 관점에서 UX 라이팅을 설명하는 것이 도움이 된다. 소프트웨어 엔지니어들은 하나 이상의 소프트웨어 언어를 사용한다. 하드웨어, 펌웨어, 소프트웨어 서비스로부터 최상의 결과를 얻기 위해 각 언어에서 사용해야 하는 특정 문법과 기술이 있다. 그 언어가 프로그램으로 컴파일되어 적시에 알맞은 전자가 사용자의 화면과 스피커에 도달한다.

UX 라이터 역시 하나 이상의 언어를 쓴다. 사용자와 콘텍스트로부터 최상의 결과를 얻기 위해서는 각 언어에서 사용해야 할 특정 문법과 기술이 있다. 각 사용자가 연결된 화면과 스피커를 통해 그 언어를 컴파일하면 이미지와 소리가 적시에 올바른 시냅스로 전환되고 유용하고 재미있고 필요한 순간을 만들어낸다.

그러므로 소프트웨어 엔지니어와 UX 라이터는 조직과 경험 사용자의 목표를 충족시키기 위해 언어에 맞는 문법과 명령어를 사용한다. 양쪽 모두 디자인, 라이팅, 리뷰와 테스트 및 퍼블리싱에 참여한다. 양쪽 모두 언어의 특징, 컴파일러, 아키텍처, 경험의 콘텍스트에 맞춰 조절할 수 있는 유연성을 갖추어야 한다. 팀이 소프트웨어 엔지니어와 협력할 수 있다면 마찬가지로 UX 라이터와도 협력할 수 있다.

요약: 목표를 달성하기 위해 UX 콘텐츠를 사용하라

경험을 만드는 조직은 UX 콘텐츠가 전략적으로 쓰였을 때 어떤 효과가 생기는지 배우는 중이다. UX 콘텐츠를 전담하는 UX 라이터는 좋은 사례와 UX 텍스트 패턴, 보이스를 위한 구조, 반복 편집과 리뷰에 대한 지식을 전달할 수 있다.

당신은 UX 라이터일 수도 있고, UX 라이터를 지원하는 업무를 담당할 수도 있고, UX 라이터를 팀원으로 영입하려고 할 수도 있다. 우리 앞에 놓인 미래는 희망으로 가득하다. 지속해서 최선책을 개발하고 연구한다면 우리의 업무에 무한한 가능성이 생긴다. 우리는 UX 콘텐츠를 만들고, 수정하고, 평가하는 일을 통해 사용자와 조직이 목표를 달성하도록 도울 수 있다.

감사의 말

엑스박스, 마이크로소프트 윈도우, 마이크로소프트 에듀케이션, 오퍼업, 구글의 동료들에게 우선 감사드리고 싶다. 내가 가진 UX 라이팅에 관한 모든 지식은 여러분 같은 멋진 동료들과 일하면서 얻은 것들이다. 내가 더 나은 텍스트를 만들고 더 나은 해결책을 찾고 고객에게 기쁨을 전하고 기대를 뛰어넘는 업무를 할 수 있도록 독려해준 분들께 특별한 감사의 말을 전하고 싶다. 여러분과 함께 문제를 해결해나간 과정이 너무도 행복했다.

내게 UX 라이팅을 가르쳐준 미셸 라레즈 무니^{Michelle Larez Mooney}에게 감사드린다. 나는 당신과의 첫 인터뷰를 거쳐 UX 라이터가 되었고 기술을 배웠다. 당신은 또한 기술팀, 제품팀, 현지화팀과 효과적으로 협력하는 방법을 여러 가지 예시를 통해 보여주었다. 또한 업무의 가치가 분명해질 수 있도록 깊이 있고 효과적으로 관계를 맺는 법을 보여주었다.

UX 라이팅 강좌를 처음 개발하고 추진할 수 있도록 도운 엘리 설리^{Elly Searle}에게 감사드린다. 그 길을 제시하고 스쿨 오브 비주얼 콘셉츠^{School of Visual Concepts}의 래리 애셔^{Larry Asher}에게 제안해준 덕분에 강좌를 현실화할 수 있었다. 내가 제공할 수 있는 내용을 분명히 표현하고 필요한 것을 요구하는 방법에 대해 당신에게 많이 배웠다. 함께 가르치는 경험은 매우 즐거웠고 당신의 통찰력, 열정, 헌신에서 많은 것을 얻었다.

나를 이끌어주는 멘토이자 친구인 미첼라 허트플리스^{Michaela Hutfles}에게 감사드린다. 당신의 깊은 사고와 조언과 격려가 없었다면, 나는 UX 경력을 쌓을 수도 없었고 만족하지도 못했을 것이다.

나산 크로우더Nathan Crowder, 제레미 지머먼Jeremy Zimmerman, 돈 보겔Dawn Vogel, 사라 그랜트Sarah Grant를 비롯한 타입앤그라이프Type'n'Gripe 동료들에게 감사드린다. 여러분과 함께 12년 이상 글을 써왔기에 나는 지금처럼 UX 라이터가 될 수 있었다. 우리가 함께 글을 썼기 때문에 우리가 쓴 픽션 스토리로 '만만한' 시장이 아닌 어려운 시장에 도전할 수 있었다. 그런 시도가 없었다면 나는 이 책을 시작할 수 없었고 완성할 수도 없었다.

이 책을 믿고 이끌어주며 전 과정을 지지해준 제스 하버먼Jess Haberman과 앤젤라 루피노Angela Rufino를 비롯한 오라일리O'Reilly 출판사의 멋진 분들께 감사인사를 드린다. 이 책이 더 읽기 쉽고 유용하도록 도와준 원고 리뷰어들과 테크니컬 리뷰어들에게도 감사드린다.

마지막으로 나의 멋진 배우자 디어트리치 파드마저스키Dietrich Podmajersky에게 감사드린다. 내 업무가 집안일보다 중요하다고 격려해준 당신은 내가 일에 시간과 에너지를 쏟는 동안에도 한결같이 지지해주었다. 잠잘 시간조차 잊고 지내는 나를 인내한 당신이 아니었다면 이 책은 출간되지 못했을 것이다. 사랑합니다.

전략적 UX 라이팅

사용자 경험을 위한 마이크로카피 작성법

초판 발행   2022년 1월 28일   **1판 2쇄** 2022년 4월 29일
펴낸곳   유엑스리뷰
발행인   현호영
지은이   토레이 파드마저스키
옮긴이   김경애
편 집   김민기
디자인   임림
주 소   서울시 마포구 월드컵로 1길 14, 딜라이트스퀘어 114호
팩 스   070.8224.4322
이메일   uxreviewkorea@gmail.com

ISBN 979-11-92143-07-1

유엑스리뷰의 정통 UX 전문 서적 브랜드 **UX ground**의 책입니다.